U0060554

一位女性殺人犯的素描

胡慕情 著

她如何謀弒母親、婆婆與丈夫

目次

序

初次聽見「林于如」，已是相當晚近的事。縱然她的案件轟動一時，個性使然，「林于如」並未在我視閾可見之處。她生於一九八一年，與我相差不及二歲，當她已婚、生子、殺夫，我仍單身，擁有一份穩定的記者工作；至於婚姻與孕育，不在想像之內。二〇一五年前，關注的是環境議題。不同於許多同業的伶俐反應與關注多元，罕能一心二用，僅能走在窄仄的小路。

二〇〇八年，臺灣發生了多起農地徵收案件，抗爭不斷、烽火連天，盡其可能地追蹤每一宗土地徵收案件，其中唯有後龍灣寶這個村莊成功對抗徵收。民怨四起，二〇一一年，政府修正土地徵收條例，但及至二〇一三年，徵收的問題沒有因為修法而改善或停止。這件事一直困擾我，因為重複的衝突現象讓我質疑報導是無用的；那年春天，恰逢灣寶抗爭領袖張木村過世，使我決定嘗試用書的形式去探問：被徵收戶的苦痛到底從何而來？探問引我走向爬梳政治經濟的影響力如何作用於各種公共政策的路徑，而在寫書末期，發生了北捷隨機殺人案——一名大學未畢業的少年鄭捷以一把刀，在捷運上刺死了四人、傷害了二十八人，那天起，才開始將視角轉向社會案件。

作家約翰・伯格（John Berger）在〈蘋果園（給里昂市長巴爾的一封公開信）〉裡曾寫：「先生，您會說哪一種建築物收藏最多的夢？學校？戲院？電影院？圖書館？洲際大飯店？舞廳？可不可能是監獄？」一開始探問「人為什麼殺人」後，這句提問，經常出現腦海。常人會斥之荒謬，現實卻是如此：所有掠奪，都包藏想望。不論偷拐搶騙，燒殺擄掠，行為總受意念驅動。鄭捷以為他開展屠殺之際，會像電影裡搬演的劇情一樣遭槍聲制伏。是被人澈底毀滅，被人一邊注視並抹殺的渴求。他搜刮並摧毀許多人的夢，進入牢籠，但他的想望最終實現。槍響那一刻感覺荒謬，困惑使我在喧譁裡掉淚。

不想活。所有人或多或少有過的念頭。每個人念頭的生成背後，有各式各樣的遭遇。北捷案發生前，隨機殺人案早就存在；在行政部門試圖以死刑安撫社會對隨機殺人的恐懼後，隨機殺人案仍然發生。第一位隨機殺人犯黃富康在二〇〇九年犯案，殺死了初次見面的房東，甚至差點滅其家門；二〇二〇年，一名男子王秉華因與配偶爭吵而以刀刺殺路過的機車騎士。

這十多年間，共有七起無差別殺人案。犯罪者或受精神折磨教唆，或受邊緣壓力碾壓。唯有鄭捷如此模糊。他的逸出邊界，毀壞平穩，使常人拒絕聆聽、極力排除。是正常的反射動作，理解畢竟艱難。但他的正常即是他的恐怖，他的恐怖又曾是我們慣習的生活常軌。愈是逐步靠近，愈感「生」、「殺」二字的模糊。萌生、凋落。生，或死。決定生，或死。是自然的運作，人的選擇，與社會的介入。每每想起這之中存有的矛盾，便坐立難安。

試圖探索，解析作用在隨機殺人犯身上的元素，性別為其一，這使我開始也將日光轉向凝視女性謀殺者。根據法務部統計，除二〇二〇年外，自二〇一五年起，臺灣每年因殺人遭起訴的男性，從二百〇二人一直下降至二〇二二年的一百五十八人，基本上有下降趨勢；但女性殺人犯的數字幾乎維持穩定，多在十幾人上下，且近年逐漸升高。若進一步看年齡結構，女性殺人犯居高的年齡層為三至四十歲間。

迄今為止，臺灣因謀殺而遭判死定讞的女性僅有四人。林于如是目前唯一未被執行死刑的女囚，在她的案件定讞之前，最後一位女性死刑犯已是二十世紀的消息。

人的選擇不會無跡可尋。但這些女性的謀殺，動機往往被化約為短短幾行描述：首位女性死刑犯朱瑞真，被認定是因外遇不倫而殺夫；第二位女死囚陳高蓮葉則是因罹患子宮肌瘤無法生育，「嫉妒他人家庭美滿」而連續毒殺九名幼童；第三位殺人者楊麗華被認定為欠債無力償還而教唆殺人。情殺、財殺，若動機為真，其實與多半男性殺人的理由無異。然男性不因此被視為獵奇的對象，他們不會是驚世丈夫。

情殺、財殺的分類看似是最終解答，實際上，人的行為軌跡可能比想像得更為蹣跚與幽遠。

若將眼光放置全球，全世界死刑犯和死刑執行總量中，女性占比皆少於百分之五。康乃爾大學法學院世界死刑中心（Cornell Center on the Death Penalty Worldwide）研究發現，女性死刑犯案件高度集中於少數類型，當她們成為加害者前，多數是受家暴、性侵的受害者。被視為詐保而連續殺人的林于如，即以此解釋自己的行為，但不被司法接受。這是為何人權團體為其辯護，並援引過去臺灣曾有的多位女性謀殺犯在家庭內的受苦情境，試圖指出結構的壓迫。

結構是記者可以寫作的基礎。聽聞林于如與多位女性謀殺犯的故事後，想起白俄羅斯作家亞歷塞維奇（Svetlana Alexandrovna Alexievich）。她的書寫都有大量的訪談，因為是時代的切片所以可以去辨識化，讓所有片段組合而成「活過那時代／事件的『一』個人」。覽視近年臺灣幾起女性殺人犯，這些個案可以既是「一個人」，又是「每個人」嗎？

探問來自這幾年摸索罪案的省思：而今對照殺人的社會學詮釋並不被我喜愛。不單因為書寫模式已成套路，也因對抗標籤的同時可能亦反覆標籤、使人扁平。導演是枝裕和曾說：「我不喜歡用議題或訊息這類詞彙來闡述或是被闡述作品。會被這類詞彙歸納的作品，鐵定是因為處理人的部分太弱了。我一向邊拍電影邊思考。沒有人的存在是為了故事或議題。我們只是像那樣的活著——生命翻滾於那些樣態的活著。」

存活本身無有可能歸類與具備嚴謹的邏輯。當然有分析與對照的餘地，但有時僅是歪斜了，僅僅就是向著那個人以為的光走去。像徐四金的夏先生瘋狂走路；村上春樹描述的西伯利亞歇斯底里；或卡繆（Albert Camus）筆下莫梭發射的那發子彈；凱特・蕭邦（Kate Chopin）寫下接獲丈夫死亡消息的馬勒夫人。

如果探問，潛意識中牽引寫作轉向的真正原因，或是童年家庭中男性缺席造成的傾斜，失衡情境養成一種近似魍魎的恐怖——為了活下去、為了讓別人也活下去，女性總是學著如何回到現實生活並學會微笑，而那往往倚靠龐大的忍耐與壓抑。有時她們沒有真正殺人，但以瀕死的樣態遊走於菸、酒、賭、毒。而當她們決定謀殺，她們同時也殺了自己。

死亡只是一則誘發的開關，死亡不比其他狀態更殊異。世人來來往往，她本身就承載了一切。我想知道，關於不被輕易分類，或是忽略追問的一切。

心靈先求喜悅——
然後免除疼痛——
然後——那小小的鎮痛劑
來緩和苦難
然後上床安眠
再然後——如果可能
由審問者的旨意
獲得死亡的特權——

——艾蜜莉．狄金森

上篇：

她，驚世媳婦

謀殺

沉默的謀殺需要藏匿。但她沒有購買鏟子，也沒有準備麻袋。她只是靜靜環視所處的這棟房子。她想回憶與丈夫劉宇航曾有的甜蜜互動，但無法。在她腦海僅有「你若想死，不怕沒鬼可當」這句話無休盡地徘徊。她開啟抽屜，找出精神科診所開立予她的克憂果（Seroxat），將一大把藥錠細磨成粉；接著走向終年燠熱悶溼的廚房，挖出食品防腐的去水醋酸鈉、拿走婆婆鄭惠升在後院種植菜果的殺蟲劑萬寧粉（納乃得，Methomyl）。最後，她走入與劉宇航生下的獨生子房裡，拿走用以去除紛亂塗鴉的甲醇與一瓶止咳藥水。

扭開瓶蓋，她將感冒糖漿倒入流理檯內，看著糖漿緩緩流入排水孔，去到充斥腐爛惡臭的下水道。粉色甜香總是用以掩蓋苦澀的本質，如今她決定不要了。她用透明粘膩的塑膠瓶裝填對止疼、防腐、消抹、寧定的巨大渴望，走出家門，開車往藥局，買了針筒，前往劉宇航所在的埔里基督教醫院。

抵達醫院，她面不改色地走入劉宇航所在的一五〇五號單人病房。劉宇航粗聲問她拿藥，她順從地由背包取出一排鎮定失眠的藥給他。劉宇航吃了三顆。三分鐘後睡著、發出鼾聲。她深深望了一眼在病床上的丈夫，接著從包包拿出針筒，抽取她在家中混合的藥液，機械人一樣，將藥液一次又一次地置入劉宇航點滴的加藥管內。

當她回神，塑膠瓶內已無殘留藥液。她不知道時間。她開始流淚。她離開病房、丟棄針筒、開車返家，將自己清理乾淨。坐在廳裡，望著時鐘。她知道醫院將來電通知。她知道自己殺了丈夫劉宇航、知道殺人必將償命。但在審判來臨之前，她，林于如，決心要先替劉宇航舉辦一場盛大的喪禮。

懷疑與逮捕

時至今日，若在南投縣埔里鎮上提起劉宇航的死，當地人依然記憶猶新。這是埔里鎮上罕見的一場死亡，十四年來，再沒有發生過任何一宗堪可比擬的謀殺。然而，最初劉宇航的死僅被鎮上的人們認為是一場悲劇——短短三個月內，劉家相繼死了一對母子——直到葬禮舉辦那天，流言才開始在鎮上走竄。

埔里位於臺灣中部的南投縣，不靠海，受中央山脈、合歡山白姑支脈與雪山山脈大橫屏支脈緊緊環繞，交通不便、開發不易，長年以來，發展極慢；然受高山庇蔭，埔里所座落的埔里盆地如星狀輻射於山谷間，冬不嚴寒，夏不酷熱，雨量豐富，雲霧多而少強風，氣候宜人，也使埔里「山清水秀」的形象烙印在一般人的腦海。

早年，埔里一如臺灣其他鄉鎮，因曾受日本統治，產業皆以殖民母國需求的林農為主：山林開發以製樟腦、丘陵與平原則種植稻米及甘蔗；配合殖民經濟，自日治時期鎮上亦有少數工場——日治後期昭和十四年，埔里街上工場數約有五十三間，其中將近一半是當時臺灣各地普遍設立的精米廠，另有製紙場、製瓦工場、製材場、米粉工場、製糖場、製茶場、豆腐工場等，各不超過三家；戰後，隨著中橫公路修築，合歡山等地區開始發展觀光產業，加上工業化慢慢推展，各式樣的小吃攤逐漸在作為入山交通樞紐的埔里鎮上林立。

劉宇航的祖父劉清動，在日治時期開始學習豆腐製作。早期只做豆腐、豆乾，後來觀察到埔里多佛寺，吃素者眾，摸索研發製成臭豆腐的中藥滷水配方，嘗試做起豆腐批發生意；幸運的他搶得先機，加上埔里對外交通長期不便，劉清動的批發生意得以寡占市場。凡於埔里賣豆腐的，都得跟劉清動批貨，甚至遠至四十公里外的草屯，也有劉家豆腐的蹤跡。

劉清動靠著豆腐生意成家立業，育有一子二女。他性格傳統保守，堅持臭豆腐製作祕方「傳子不傳女」。其子劉衍良承繼父業後，亦遵循劉清動意志，將豆腐事業交給獨子劉宇航。三代單傳，而今劉宇航過世，劉家的臭豆腐事業，算是一夕崩塌了。

接獲劉宇航去世消息，許家榮有點訝異——二個多月前，也是他所經營的寶元生命企業有限公司經手劉宇航母親鄭惠升的身後事。那是二〇〇九年五月二十八日，許家榮接獲劉宇航妻子林于如來電，說鄭惠升病逝於埔里基督教醫院，大體欲回家停靈，但身後事所需皆未備妥、請他幫忙。劉家離他公司僅約三公里，許家榮允了下來，趕忙帶著員工到劉家布置靈堂。布置期間，劉家陸續有人返回，約半小時後，簡易靈堂設立完成，許家榮洗淨雙手，抱持著慎重的心情至門外迎接鄭惠升。他一邊喊著「咱轉來厝啊」，一邊安放遺體，妥定後，正準備替鄭惠升洗漱更衣，卻聽見一陣騷動。

鄭惠升的兄長與父親鄭塗在接獲鄭惠升驟逝消息匆忙趕至劉宇航家，不解前幾天看起來還很正常的鄭惠升為何突然死去？

林于如解釋，五月二十七日凌晨十二點多，鄭惠升說自己頭痛、想吐，當時她和外勞先陪鄭惠升到埔里基督教醫院掛急診，大約凌晨兩點半，拿了三天份的藥後回家，但當天傍晚，鄭惠升出現意識不清、無法自主行動的情況，便和外勞再度將鄭惠升送至埔里基督教醫院掛急診。醫生將鄭惠升留院觀察，判斷是因服用精神科藥物或減肥藥物引發的急性腸胃炎。

當日鄭惠升住院，隔天凌晨五點半，護士曾經替鄭惠升更換點滴，當時鄭惠升看起來人還正常，「結果六點半左右，我卻發現媽媽臉色蒼白。」林于如按急救鈴叫喚護士，護士進病房後發現鄭惠升已經沒有脈搏，她趕快呼叫醫生急救，但鄭惠升一直沒有起色，「急救兩小時後，醫生判斷急救無效，媽就過世了。」

死亡證明紀錄，鄭惠升是因高血脂引發的心肌梗塞病逝，鄭塗聽後，更加難以理解：「腸胃炎和心肌梗塞驟逝的關係到底是什麼？醫院必須給我一個交代！」正當他要兒子帶他到醫院要求解剖了解死因，劉宇航卻出聲阻止：「醫院當時問過我們對死亡原因有沒有意見，我跟醫生說沒有。因為這樣，所以沒有請警察來驗屍。媽媽已經過世，驗屍根本是在糟蹋她。」

劉宇航以傳統而言死須全屍的理由說服外公鄭塗接受鄭惠升的死亡事實。來回爭執一陣，許家榮才被授權繼續處理鄭惠升的身後事。但他沒料到，兩個多月後，本該肅穆傷悲的死亡場合，會再親見喪家爭執口角——劉宇航預計回家停靈當日，劉宇航的姑姑劉怡岑與爺爺劉清動衝至劉宇航家中，對著林于如大聲咆哮，質疑劉宇航僅二十七歲、又曾是羽球選手，怎會突然因為小病死亡？「一定是妳害死他的！」

林于如沒有反駁指控。無論婚前、婚後，劉清動從來就不喜歡她。她是曾經從事陪酒的女人，劉宇航與她結婚，讓劉清動很失面子。她任憑劉清動斥罵，對他舉起拐杖欲毆打的行為也不閃不躲。但劉宇航的朋友攔下：「阿公你話毋通亂講，就算伊是你孫新婦抑袂使喝拍就拍，你若懷疑，會使去報警。」劉清動一聽，火冒三丈，立刻報警。隨後，林于如便被通知至埔里鯉潭派出所製作筆錄——

時間：二〇〇九年七月二十日五時十分

地點：南投縣政府警察局埔里分局

「妳今天為何來此做筆錄？」

「因我先生劉宇航死亡。」

「劉宇航的年籍資料？」

「他出生於民國七十一年五月十八日。」

「妳與劉宇航結婚多久？」

「七年。」

「他的父母是否健在？」

「都已身亡。」

「劉宇航平日從事什麼工作？」

「臭豆腐批發。」

「平日與誰同住？」

「我們夫妻、兒子還有一位小姑。」

「妳先生是如何死亡的？請描述經過。」

「二〇〇九年七月十七日淩晨，他在家中突然冒冷汗、頭暈、肚子痛、走路搖搖晃晃，我問他要不要就醫？他說不要、休息一下就好。於是他坐在馬桶上休息，大概二十分鐘後我問他好一點沒？他跟我說他越來越暈，所以我就把他送至埔里基督教醫院急診室。就醫後在二〇〇九年七月二十日淩晨十二點半，醫院通知我先生目前病危在加護病房，請我過去。後來等醫生急救完，醫生就說我先生過世了。」

「妳與先生當時進入埔里基督教醫院急診後是否就直接入住加護病房？」

「沒有，我先生是住在一般病房。是醫院通知急救時才入住加護病房。」

「妳與妳先生進入埔里基督教醫院急診時，醫生有無告知妳先生的病況為何？」

「當時沒有說很多，只跟我們說要多安排一些檢查，這段期間醫生有說我先生有脂肪肝。」

「埔里基督教醫院在急救妳先生時有無告知妳為何原因在急救？」

「他們跟我說當時是護士量不到他血壓，又發現我先生瞳孔放大，所以才緊急急救。」

「妳先生當時在幾號病房？」

「一五〇一號病房。」

「妳最後離開妳先生病房是何時？」

「二〇〇九年七月十九日晚間十一點離開的。」

「妳離開時，妳先生是否有告訴妳他不舒服之情事？」

「沒有。」

「妳先生住院這段期間有無跟妳說他不舒服之情事？」

「他昨天晚上六點多有跟我說他肚子脹脹不舒服。」

「妳先生住院這段期間精神狀況如何？」

「都是在睡覺比較多。」

「妳先生之前是否也有類似送醫之情事？有幾次、各於何時？」

「之前有兩次，都是在這兩個月內，正確時間我不記得了。」

「之前兩次送醫情形是否跟這次一樣？」

「幾乎都一樣。」

「妳先生有無酗酒之情事？」

「之前就有喝酒的習慣。這兩個月他媽媽去世後他幾乎每天都在喝。」

「妳先生除了喝酒情事外，身體有沒有其他疾病？」

「沒有。」

「妳先生平常身體狀況如何？」

「都很好。」

「妳先生劉宇航於何時死亡？」

「二〇〇九年七月二十日凌晨約兩點醫院通知我先生已經死亡。」

「妳先生劉宇航目前停屍地點為何？」

「埔里基督教醫院太平間。」

「妳對妳先生死亡一案是否有意見？」

「沒有。」

「妳所言是否實在？有無其他意見？」

「實在，沒有。」

筆錄製作約一小時。結束前，因劉清動要求，員警問林于如是否同意解剖。林于如同意——這反而讓劉清動改觀，畢竟，屍體會說話，一個害死人的凶手如何可能坦然將證據公諸於世？但四個多月後劉清動才知道，最初他的直覺正確，林于如確實殺死了他的金孫劉宇航；而隨著檢方調查結果出爐，劉清動更加駭然——媳婦鄭惠升之所以溘然而逝，竟也是這女人下的毒手。

如今，陳明城已記不得他定調林于如是個連續殺人犯的精確日子。但不會忘記，這起案件破獲後，所有參與調查的人都晉升——當時他僅是埔里分局偵查隊隊長，二〇一三年八月，陳明城榮陞為南投縣政府警察局祕書室局員；此案檢察官林佳裕，則在二〇一〇年九月，成為南投地檢署調升主任檢察官的第一人；而審理法官石木欽，日後甚至擔任臺灣高等法院法官兼院長與公務員懲戒委員會委員長。

起初，解剖報告顯示，劉宇航的死是否涉及謀殺，尚待確認——林于如製作筆錄後隔日，劉宇航被送至南投殯儀館，由法醫蔡崇弘解剖。

病歷指出，劉宇航曾於六月二十五日至埔里基督教醫院就診，當時，他罹患感染性大腸炎與腸胃炎，並有暈眩與低血鉀症。七月十七日就診時，除原先的低血鉀症狀與急性腸胃炎外，另有可能由胃腸藥引起的錐體外症候群，以及死因：急性心肺衰竭。確認病史與無明顯外傷後，蔡崇弘細細檢視劉宇航的各項器官：

腦無出血或傷害，蝶竇無水。胸腔除左右肺有出血性水腫外，心臟、食道、胸線皆正常。腹腔除脂肪肝、腎與十二指腸出血外其餘器官無特殊發現。但毒藥物檢查指出，其血液中酒精濃度為七十五毫克／公合、甲醇濃度則是九十五毫克／公合、另有抗鬱與治療酒精依賴的曲唑酮（Trazodone）七．五三九毫克／公合及抗憂鬱藥克憂果。

藥物劑量，並非致命濃度；依照林于如陳述，劉宇航有酒精成癮症狀，也與其血液中酒精濃度吻合。至於甲醇濃度，大於二十五毫克／公合時，通常被視為是產生毒性症狀的濃度；濃度大於五十毫克／公合時，則可能導致嚴重症狀。

在一份針對死亡病患的研究報告指出，死後七十二至九十六小時甲醇的血中濃度可高達四十毫克／公合，劉宇航血中高達九十五毫克／公合的甲醇濃度，足以導致呼吸衰竭的症狀。解剖證據，使蔡崇弘判定，劉宇航的腸胃炎、錐體外症候群及心肺衰竭，都與甲醇中毒有關，「但其血中甲醇濃度過高究竟是自行誤飲或他人所為，還有待偵查釐清。」

礙於行政流程，陳明城並未立刻得知解剖結果。但在此前，他已開始懷疑劉宇航的死並不單純：「會開始朝謀殺案的方向偵辦，主要是有一天有位民意代表來我這裡喝茶的時候談起。」

劉宇航解剖後，林于如將其大體領回，準備辦理喪事，她如謀殺當晚對自己承諾的，要厚葬劉宇航。由於劉家在埔里小有名氣，地方政要對紅白帖場子自當不會缺席。葬禮那天，民意代表至告別式上拈香致意，聽見鄰里耳語：母子接連死亡，死因類似，且死者家屬質疑凶手即是林于如。不僅如此，南山人壽也對鄭惠升與劉宇航相繼死亡一事感覺蹊蹺、前來報案——兩位死者生前都由林于如繳交保費、買了壽險，如今劉宇航死因疑似不單純，這會不會是一宗為了詐保、謀財害命的連環殺人案？

民意代表這席話，讓陳明城想起曾發生在南投竹山的陳瑞欽殺人案——

二〇〇〇年，有數家保險公司聯合向時任立委的陳朝容陳情，指稱一時年五十一歲的男子陳瑞欽為了詐領保險金，涉嫌殺妻殺子、謀財害命。遭到指控的陳瑞欽，在二〇〇〇年十月十四日，接受電視訪問，否認做出這樣天理不容的事：「哪一個人不想有孩子呢，對不對？像我現在，連個男孩子（送終）都沒有；太太一天到晚跟我睡在一起，是最親近的人，我怎麼忍心殺死太太？」這之後，偵辦沒有進展，直至二〇〇三年，陳瑞欽才遭到逮捕。

二〇〇三年五月十三日下午，南投縣警局接獲民眾報案，說在竹山鎮大鞍里水哮段山區產業道路旁發現棄屍，警方追查得知，被害者生前的提款卡遭到盜領，調閱監視器後進一步發現，盜領者竟是曾被保險公司指控的陳瑞欽。

陳瑞欽生於一九四九年，曾是空軍志願役士兵，取得軍官任官資格後擔任上尉，但因考評不佳、被迫退伍。離開軍中，陳瑞欽到中油公司嘉義油庫任職油罐車司機，之後擔任油品調撥中心工程師，月薪不錯，有新臺幣七、八萬元左右。據說因工作能力不足，時常遭到責備，陳瑞欽沒有在中油公司久待，離職後到嘉義縣新港鄉公所財政課擔任雇員。在鄰里眼中，陳瑞欽是個正常人，但警方指稱，他其實性好賭博，尤其是六合彩。因為積欠地下錢莊大筆高利貸，遭到暴力討債，所以計畫殺害至親，以取得理賠保險金。

陳瑞欽一共被控殺害六人。第一起謀殺是一九八五年，首任妻子曾碧霞因被脫落的吊扇打到頭部住院，陳瑞欽至醫院探病時，因工作問題與曾碧霞起口角，他拉扯曾碧霞使其摔落至距離地面約七十公分的床下，再將曾碧霞的頭部撞向磨石子地板，使其死亡。曾碧霞的死，讓陳瑞欽獲得臺灣人壽保險股份有限公司及國泰人壽保險股份有限公司各理賠二百二十萬與十五萬的保險金。

領得保險金後，陳瑞欽與水上國小教師王淑嬰再婚。一九八八年，他和繼子陳一志發生肢體衝突，陳一志送醫後，陳瑞欽進一步抓住其頭猛撞牆壁致死。一九九五年，則因親生子陳建宏參加不良幫派，以石頭猛擊兒子頭部致死。一九九六年時，又以實心木棒猛擊王淑嬰，並製造成假車禍現場，取得保險金約一千一百四十三萬元。一九九八年，又再以撞牆方式殺害繼子陳宗慶。連續殺害五人，使陳瑞欽陸續獲得了一千八百七十五萬的保險理賠金。

縱然，詐保、連續殺人的案例罕見，而林于如又是個女人，但若債務逼仄、需錢孔急，鋌而走險也不是不可能的事。況且，鄭惠升去世後，豎靈不到一週即遭火化，不符倫常。劉宇航與鄭惠升之死，正式被定調為詐欺與殺人之重大刑案。盡快找出林于如的犯罪鐵證，成為埔里分局與檢調單位蓄勢待發的行動。

二〇〇九年八月十日起，埔里分局陸續通知埔里基督教醫院醫護人員王凱莉、羅慧萍、廖名儀、蔣海芮、鄧秋瑛等人至埔里分局偵查隊配合製作調查筆錄。

王凱莉回憶，劉宇航在二〇〇九年六月二十五日凌晨一時三十九分，在林于如及其友人「阿松」陪同下到院急診。當時，劉宇航嚴重上吐下瀉，抽血檢驗有肝指數過高以及血清鉀離子過低等問題。提供止瀉藥物給劉宇航後，即由自己負責他在觀察室的情況。約莫三時四十分，羅慧萍巡床時觀察到劉宇航的點滴內有混濁情況，她詢問王凱莉「是否有添加其他藥物？」才發現點滴與照護最初注射的內容物可能有所不同。

發現點滴混濁當時，阿松已經離開、林于如也在早前表示要拿換洗衣物返家。因此時劉宇航的瞳孔呈針狀現象且比來院時更加昏睡，可能有藥物中毒情形，羅慧萍和王凱莉立刻將劉宇航的床位換至護理站正前方，並且更換點滴及加裝心電圖監視器。事後她們詢問劉宇航為何點滴混濁？是否有人添加東西？劉宇航第一次先是回答「沒有」，第二次回答「不知道」。

清晨五點多左右，林于如回到醫院，發現劉宇航加裝心電圖，詢問護士是否病情惡化？王凱莉向她解釋，從她離開後，劉宇航即昏睡不醒、且點滴有混濁現象，問林于如是否曾自行添加東西進入點滴？林于如答「沒有」後即在病床旁陪病。由於林于如背對護理站，王凱莉心生警戒，以接近鄰床方式觀察林于如行動，發現林于如正拿著針筒插在點滴袋接頭——

「妳打什麼？」

「他點滴不通，我在幫他通。」

「這件事應該由我們護理人員來處理。」王凱莉說：「妳這樣會讓我們懷疑剛剛點滴混濁的東西是妳添加的。」

「我沒有。」

林于如再度否認後轉身離開，王凱莉和羅慧萍隨即將劉宇航的病床再度轉向至林于如無法背對她們的方位。就在調整床位時，羅慧萍發現劉宇航注射點滴的手臂背面有不明白色粉末痕跡，點滴接頭亦出現白色不明混濁物。她們在六時、林于如返回病床時再次詢問：

「妳是不是有跟他加藥？」

「他是我老公！我怎會給他加東西！」

林于如語氣篤定，王凱莉仍覺不安。她在交班前叮囑接班護士與醫師她所觀察到的情況。接班醫師陳慶咪於上午八點二十八分開立測試藥物中毒、進行斷層掃描與進行尿液檢查的醫囑，並替劉宇航再次抽血檢查，以便與剛到院的血液檢查內容對照。

抽血發現，第一次檢驗的血液內容，即有鎮定安眠藥物濃度指數三二二・五奈克／毫升的過量情形，至於第二次指數更高，來到六二〇・九奈克／毫升，判定是類嗎啡藥物中毒，陳慶咪將劉宇航送至加護病房救治，緊急救回劉宇航一命。

只是，不到二十天內，劉宇航在七月十七日，再度來到埔里基督教醫院掛急診，這次，一樣是由王凱莉負責照顧。劉宇航抵達醫院後，告知王凱莉自己頭暈、嘔吐、腹瀉不止，她替劉宇航注射點滴、給予腸胃藥跟止瀉藥，並再度抽血檢驗，發現劉宇航的症狀與上次到院相同且鉀離子過低，追加給予鉀離子藥物後，即建議劉宇航住院觀察。

這天上午，劉宇航不斷地腹瀉，羅慧萍替他更換了幾次尿布。早上十點，他告知羅慧萍胃痛且有小便無法解的狀況，醫師會診檢視其膀胱後，即替劉宇航辦理住院，入住一五〇九Ａ病房，兩天後轉入一五〇五號的單人病房。

七月十九日晚上九點三十五分左右，護士蔣海芮因為林于如按鈴而來到一五〇五號病房。當時林于如一手按住劉宇航注射點滴的部位替他止血，說是點滴脫落，請蔣海芮協助重新施打點滴。蔣海芮回憶，當時劉宇航雖在睡覺，但替他更換點滴時，劉宇航有正常反應，「那時候看起來一切都很正常、沒有異狀。」

護士鄧秋瑛於七月十九日晚間十一點半左右推著醫療器材巡房，正要打開一五〇五號病房時，卻發現房門上鎖。鄧秋瑛敲門，約三十秒後林于如才來開門。鄧秋瑛進入病房時，劉宇航仍在睡覺，而林于如看似由浴室走出。她記得自己嗅聞到一股詭異的嗆鼻味，「而林于如告訴我自己要抽菸後就離去」。鄧秋瑛接近病床後感覺劉宇航呼吸微弱，於是替他量血壓，但無論更換幾臺血壓器都無法量到劉宇航的血壓。

約九分鐘後，林于如回房，告訴鄧秋瑛自己要回家漱洗，鄧秋瑛請她告知護理站後再離開，並前往護理站回報劉宇航身體狀況。鄧秋瑛離開時，劉宇航還沒身亡，只是非常虛弱；但二十日凌晨十二時十五分左右，護士廖名儀前往病房探視時，劉宇航已經失去了呼吸。廖名儀拍打他的肩，沒有反應。量測頸動脈，沒有脈搏。廖名儀按急救鈴後開始進行心臟按摩，二十分鐘後，劉宇航被送至加護病房急救，從此再也沒有醒來。

護理人員的相關證詞讓埔里分局十分振奮，但要指控林于如真的殺人，必須有直接證據。藥物、針筒，還有點滴。「我們以為找尋證據還需要耗費一些時間，」陳明城說：「但埔里基督教醫院的護士非常警覺，可能也怕醫療糾紛，在六月二十五號，她們發現林于如好像有在點滴施打不明東西時，就有把點滴留起來。」

十月十五日，警方將點滴與針筒送至法醫研究所進行毒物化學鑑定，證實內有農藥納乃得、曲唑酮與艾司唑侖（Estazolam）等鎮定藥物。然而，詐保殺人的控訴要成立，還需確認經濟狀況：是否負債、有什麼用錢需求？換句話說，即是動機。動機藏於心，如何攻克？埔里分局偵查隊，啟動監聽。

一處空間、一疊紙、一支筆、數臺傳真機、電話或手機。每週二、四、六，這些設備，就是時年四十一歲、綽號阿嘉的黃明杰，試圖擺脫經濟壓力的工具與資材。二〇〇九年起，他從單純的六合彩賭客，成為替六合彩組頭調牌的小樁腳，直到封牌前的一小時、約晚間七點半前，黃明杰的工作，就是不停地接電話與紀錄、接待來住處捧錢下注的賭客。

封牌後，黃明杰會總結賭注與賭資，送往臺南的另一組頭「敏郎」手中，敏郎則會再往上呈送。如直銷體系，一層一層，小、中組頭可分別賺取每注二至三元的利潤。每逢六合彩開獎日，黃明杰就可賺取約八、九千元佣金，一週三次，起碼二、三萬入袋，比起做牛做馬的勞力活，六合彩的抽佣，是極為快速的攢錢門路。黃明杰嚐到甜頭，借了姊姊的電話「擴大營業」，二〇〇九年九月初，一位叫「添福」的男人介紹了林于如向他簽賭。六合彩下注，全靠人際互信，黃明杰就這樣吃下林于如的單。林于如有時玩小，有時玩大，而一直以來，她的運氣都很不錯。二〇〇九年九月十二日這天，林于如再度來電——

「阿嘉，今天簽十．五。*」

「那今天一共下注一百八十一萬四千四百元。」

「我知道，我已經算過了。」

「一百八十一萬四千四百元。」

「好。」

黃明杰以為這是一通和過往一樣尋常的電話，卻不知道，原本只是因爲經濟壓力，想透過賺取六合彩賭資價差來改善生活的單純念頭，會因為接了這通簽賭電話，讓自己的人生捲入一起凶殺案。日後，警方以這通電話的賭金，作為認定林于如犯行動機的最主要證據之一——死了丈夫、又有幼兒要撫養的寡婦，不但在丈夫死後逕行簽賭，甚至賭資龐大，坐實林于如嗜賭成性；而後，警方以林于如不斷催促南山人壽發放保險理賠的陳情信，作為林于如嚴重負債、急需現金的判斷，於二〇〇九年十二月十七日，持臺灣南投地方法院九十八年度聲搜字第六四八號搜索票，與南投地方法院檢察署九十八年度他字第五八二號拘票，扣敲林于如住處的大門。

門鈴響、開門，搜索票映入眼簾。林于如沒有驚慌失措，也沒有拒不配合。她只是安安靜靜地任由警方翻箱倒櫃，最後帶走一瓶酒精與工業用甲醇，而後跟著警方前往派出所進行筆錄。警局裡，她孤身一人，沒有委任律師。當警方詢問她是否曾在劉宇航住院時嘗試添加不明藥物至其點滴內？她坦承不諱。「妳對劉宇航死亡一事有何意見表示？」林于如亦明白表示，她殺了人。但不同於警方的推理版本，林于如否認自己是為了圖謀保險理賠金而動手：「我是受劉宇航長期的精神跟暴力壓迫下，讓我產生反抗心理，所以我用大量安眠藥加農藥跟酒精使他注射後死亡。」

---

* 簽賭術語，單位為「車」，一車是〇一×〇二到〇一×九八。十．五車就是十．五個這樣的組合。

筆錄中，林于如敘述了自己理智斷線的緣由——

劉宇航二度住院當晚七點多，劉宇航的胞妹劉蕙瑄請林于如帶她到醫院探望哥哥。約在醫院停留半小時後，林于如開車載劉蕙瑄返家，隨後回到醫院看顧劉宇航。

「我回到醫院時，他跟我說，他想喝酒、叫我去買酒，還有給他平常精神科開給我吃的藥物。我說『不要，你不要再喝了！』他卻勒住我的脖子、威脅我，如果我不去幫他買酒，他要出院，回家後就要打死我們的小孩給我看。當時他勒住我的脖子，我已經快要喘不過氣，心想：『既然你要打死小孩，不如我先讓你死！』我心裡當時想的是同歸於盡，殺了他之後，再跟小孩一起去死，所以我請他放手、說我會回去拿酒跟藥，他才鬆手。」

林于如否認為財殺人，是受家暴脅迫，但隔日所有主要媒體，在檢方偵查未結案前，皆寫下與警方敘事版本相同傾向的報導——

《自由時報》

毒殺丈夫婆婆　圖詐保金一五〇〇萬

【記者陳鳳麗、佟振國、黃敦硯、徐夏蓮／綜合報導】

檢警昨天偵破逆倫謀殺案！冷血婦人林于如涉嫌毒殺丈夫和婆婆，企圖詐領一千五百餘萬元的保險金，檢警還發覺林婦的生母去年跌倒的死因也很可疑；林婦認罪，稱因不堪家暴而注射毒藥物殺親夫，證實這宗「黑寡婦蜘蛛式謀殺案」，但否認殺生母及婆婆。

點滴偷加藥物　引發心肌梗塞

檢警發現，林于如嗜簽賭而欠債，組頭一直向她催討賭債，她只好向地下錢莊借錢，丈夫、婆婆死後又不斷催促保險公司快給付保險金，因而引起懷疑；檢警歷四個月偵查，昨拘提廿八歲的林于如，帶回埔里警分局偵訊，並搜索查扣保單、理賠申請書、安眠藥、甲醇等證物。

檢警調查，林女的婆婆鄭惠升（四十七歲）今年五月因嘔吐、腹瀉、頭暈目眩等腸胃炎症狀，被送到埔里基督教醫院就醫，次日就因心肌梗塞死亡，隨即火化遺體。

不料六月廿五日，林女的丈夫劉宇航（廿七歲）也上吐下瀉、四肢無力，被送埔基醫院施打點滴，林于如竟趁機使用針筒，將農藥、安眠藥、抗憂鬱藥注入點滴瓶，幸好護士發現制止，並立刻更換點滴。因林于如行徑怪異，機警的護士報告醫院後，保留這瓶「可疑點滴」。

夫婆兩個月內　相同症狀死亡

到了七月十七日，劉宇航再度因相同症狀被林于如送到埔基，她安排丈夫住單人病房，十九日晚間又用針筒將甲醇、安眠藥、抗憂鬱藥注入點滴瓶內，隔日劉宇航就發生心肌梗塞症狀，急救無效後宣告死亡。

林于如要求醫院開立死亡證明，但劉宇航的姑姑、祖父感覺怪異，因劉宇航具有羽球甲組選手資格，認為他身強力壯怎會無故心肌梗塞致死？且劉母也因心肌梗塞死亡不到兩個月，遂堅持報請檢察官相驗。

法醫解剖並未發現異狀，但進一步抽血，並將「可疑點滴」一併送法醫研究所檢驗，才讓死因大白。

《中國時報》

警察出親情攻勢　林女認二罪

【記者蕭承訓／臺北報導】

「媽咪，叔叔說小朋友不可以說謊，大人也不可以喲！」為了突破林女心防，刑事局組長洪漢周找來林女稚子「偉偉（化名）」，林女聽聞童言童語，當場飆淚，擁抱稚子說：「媽媽對不起你！」並坦承因為簽六合彩，欠下大批債務，才會殺夫、殺婆婆，謀詐保險金。

不過面對去年從住處樓梯跌落摔死的生母命案，是否也是林女謀財害命？林女卻淡淡表示不願意多說了。

曾在酒店上班、廿八歲的林女原本在臺南和家人做六合彩組頭，在和曾是羽球國手的劉某結婚後，嫁到南投，但每期仍然繼續簽賭六合彩，輸贏都在百萬元以上，因而欠下一、兩千萬元的賭債，根本無力償還，數度遭逼債。

刑事局昨天逮捕林女後，林女一開始矢口否認，員警舉之前清大女學生溶屍命案為例，表示洪曉慧因在獄中表現良好，關十多年就出獄，希望就此打動林女。但林女不為所動，員警只好找劉某的姑姑，帶來林女平日最愛的稚子「偉偉」，並拿速食先哄哄「偉偉」不要哭鬧，要他告訴母親不可以說謊，這招親情攻勢果真奏效，案情終能突破。

【黃宏璣、張家樂／南投報導】

《聯合報》

狠婦殺夫害婆　涉詐千萬還賭債

南投縣埔里鎮婦人林于如疑簽賭六合彩，輸掉數千萬元，為還賭債涉嫌謀財害命；先幫婆婆鄭惠升與丈夫劉宇航投保壽險與意外險一千六百卅五萬，再下藥迷昏婆婆，致婆婆摔傷不治。之後兩度對丈夫下毒，謀害親夫致死。

檢警表示，高中畢業的林于如（廿八歲）非常冷血，問她從哪裡學來這種毒殺手法，她平靜地說：「媒體那麼多，資訊那麼發達，看看就知道了。」

檢警判斷，六月廿五日晚，林于如第一次在酒中下毒，到醫院後又伺機在點滴中下毒。當時急診室護士發現點滴的顏色不一樣起疑，重新換上點滴，把病床推至護理站「看守」，並將這瓶點滴保存下來。

林于如仍不死心，七月十七日晚用同手法再度毒害丈夫，這次她要求住單人房，藉照顧丈夫之名把病房反鎖，伺機在點滴中加毒藥，護士多次巡房都被鎖門外。

檢警昨天上午拘提林于如到案，面對點滴採得毒物的檢驗報告，她否認涉案；直到警方找來她的小姑，抱著她四歲兒子會面，親情攻勢才讓她痛哭承認謀害丈夫劉宇航（廿七歲）與婆婆鄭惠升（五十二歲），晚間依殺人罪送辦。

警方調查，林于如高中時認識製造臭豆腐的劉宇航，四年前先懷孕後結婚。她沉迷六合彩還做組頭，嫁到劉家照常簽賭，一簽逾百萬元，積欠逾二千萬元賭債，被逼債甚急；加上丈夫動輒施暴，婆婆護子，積恨在心，策畫謀財害命。

她先為婆婆與丈夫投保南山壽險與意外險，五月廿八日把強效安眠藥摻進汁射針筒，疑利用婆婆入睡時偷偷打在婆婆身上，致婆婆起床昏迷摔傷頭部，送醫不治。

林于如供稱，因婆婆死後丈夫仍打她出氣，她要求離婚，丈夫揚言「如果離婚就把妳全家殺光光」，她決定先下手為強。

檢察官林佳裕相驗遺體時便察覺異常，將劉宇航遺體採樣化驗，並取得他兩次施打的點滴藥瓶送驗。南山人壽原本欲理賠鄭惠升保險金，送支票到劉家時，發現劉宇航也過世，認為可疑而向警方檢舉。

她是驚世媳婦、是黑寡婦，是最毒婦人心。日後，林于如會被判死。她沒有不接受死刑，「我知道，我的命註定要賠給劉宇航。但新聞為什麼要那樣寫我。」多年後，林于如在死牢裡對著我說：「我恨不得一聲槍響，讓我脫離苦海，但是為什麼，我是驚世媳婦？」

探問

她被鎖在靜心房。Covid-19 疫情之故，密集收容的臺中女監嚴格規範口罩配戴，完全遮住了她的下半臉。她留一頭男孩風的短髮，其餘未被遮蔽的皮膚白皙，眼睛大而明亮。二〇二〇年六月，是我與林于如第一次見面。素昧平生，她讓眼角的細微魚尾紋彎彎，但眼中沒有笑意。

並非獨自前往，隨側有人權團體廢死聯盟的志工方小姐。方小姐有友入監，常來訪探視；一次接觸廢死聯盟後，被請託每月固定探望林于如，因判決定讞入監的林于如曾多次自殺，十四年來，已消瘦了二、三十公斤。

隔著透明隔板，透過話筒與她招呼，希望她允許我定期探望面見，「如果可以，我想寫下妳的故事。」她沒有問我原因，也沒有任何疑問。比如：已經十四年過去，「為什麼要寫我？」甚至她欠缺過往我曾寫過的任何一起社會案件當事人或當事人家屬，在被詢問談論自身生命遭遇時會起的劇烈情緒反抗。林于如只是平靜而客氣地說「謝謝關心」。這些年來，想要訪問她的人不少，「但我拒絕所有訪問，也要家人不要再面對媒體。」

「妳知道外界怎麼說妳嗎？」

「我知道。」

「那是事實嗎？」

「不全是。」

「妳不想澄清嗎？」

「沒用。沒辦法。劉家人說的話才被相信。」她再次說謝謝關心，「這件事，再看看吧。」

沒有逼仄，只是答好。看壓在石桌下的生活物品清單，問她有什麼需要？衛生紙、衛生棉、內褲、洗髮精……皆是每日所需，但她匱乏。除一偶爾探望的大姊林彤珊，她已眾叛親離。

「我會寫信給妳，再找時間來看妳。」屆臨會客時間終止前我說：「請妳再考慮看看。」

林于如沒有應答，只是頷首，轉身走回隔絕之所。

出監所，搭車北返，思考如何與她開啟對話、建立關係。最終寫給她的第一封信裡，未以繁複的詞彙或修飾嘗試多加說服。信裡僅是再次自我介紹，告知她，我想知道除了「覺得只有被害者家屬聲音會被信任外」其他拒絕我的原因？並明白表示，我並不全然站在與人權團體同樣的視角，為其爭取任何刑罰轉圜的可能。「但我也不是抱持著窺奇的心態想要訪問。如果那樣，那是騷擾。或許冒犯、接近殘忍，但我依然想要知道，妳究竟為何走向殺夫的道路？」

描述犯罪之人，經常必須面對外在至少兩種聲音的批判與拉扯：一是個人的墮落，另是社會的漠視與壓榨，水火不容，彷彿對立。實際上，時代勢必在人身上留下影響與遺痕，而人，不會全然被動。死亡不是句點，而是問號。問號勾連人的起伏與選擇，若願意沿這條蜿蜒的曲徑探詢，往往能看見命運與自我的高度糾葛。

選擇林于如作為書寫對象，並非基於她身上那些聳動的標籤。生於一九八一年的林于如，長我不及二歲，我們出生的年代被認為是臺灣最美好的一段時光——政治覺醒、經濟起飛、各領域靈光四射，八〇年代的孩子鮮少吃苦、有受良好教育的可能，在人權團體的概略描述裡，林于如最高學歷是高職。在那理當青春洋溢的年歲，她究竟怎麼岔出原本的坦途、與賭相遇，最終被其糾纏一生？

我見過賭徒。

四色牌、天九、麻將、大家樂、六合彩、股票。十八王公、墳場、夾報裡的下注指南。

幾乎有意識始，就知道家庭裡的每個成人都曾沾賭。麻將占據我的生活最長。麻將的搓洗聲與敗北者的咒罵伴隨我準備升學考試。煙霧瀰漫的屋、不會準時的三餐、為了償還賭債，高度近視且罹患眼疾的母親曾在暗夜裡攀爬鐵窗，撬開外婆的窗竊取金錢。她不曾出席任何一場學校家長應出席的活動，醉酒夜歸時往往以四肢匍匐；又或在木柵指南宮那潮溼且霉味滿溢的員工宿舍，外公會嘗試尋找各種數字的組合以下注。一日，外公午寐，我在他房裡看藝人胡瓜主持的電視節目「百戰百勝」。過於無聊，以鉛筆記下每位參賽者的年紀。當日適逢開牌，外公將那些數字拿去下注，排列組合後轉換成豐厚的獎金。外公說真好，果然百戰百勝。但命運不會這般厚待，日後他與外婆會有爭吵。

賭徒不只在我家。一九八七年，一份透過《中國時報》與《聯合報》共八十七位記者為對象所做的調查顯示，一九八五年，有六十六個鄉鎮流行大家樂；至一九八六年，有另外一百四十一個鄉鎮也開始狂熱，超過全臺鄉鎮一半占比。一九八七年時，流行的區域已廣達臺灣百分之八十八的鄉鎮。而這流行的範圍從大家樂一直延續到六合彩發行。

一次至艋舺訪談，曾經營簽賭的「土豆」言之鑿鑿：「一九八〇、一九九〇年代，十個臺灣人裡至少有五個人玩過六合彩！」幾十年過去，大樂透、運彩接連發行，六合彩依然沒有退燒，甚至隨著科技進步，已能透過ＡＰＰ下注。

那天土豆教我如何使用ＡＰＰ看六合彩連碰注數表，對數字沒輒的我頭昏眼花。土豆說：「沒有關係，只要下一次注妳就會了。」賭的基底是繁複的排列組合，賭戲的設計卻使人忘其本質，一旦有搏取獎金的意念，只消一瞬，人便走入另一世界。

賭被視為負面行為，卻始終在臺灣人的日常生活如影隨形。戰後的臺灣賭博進展史其實反映了各階段的經濟現象。一九五一至一九八六年，國民政府遷臺後發行愛國獎券，藉著貧窮人們對兌中彩票的渴望來解決經濟建設的財政困難；一九八〇年，正式投資股票、證券、期貨、基金的管道尚未開放或普遍，但隨工業發展推進，經濟起飛，熱錢蓬勃，愛國獎券的大獎中獎率低，依附愛國獎券開獎號碼的地下彩券「大家樂」，應運而生。

為了一夜致富，賭徒不懼鬼神。一九八六年，傳言有位生意失敗的臺中人，因走投無路，夜晚躲至七壙古墓求明牌。男人簽中不少錢，但一個月左右敗光，再次回到古墓找鬼魂抱怨。當地人偶然聽到，古墓聲名大噪，不論早晚，膜拜民眾川流不息，曾有上萬人在凌晨時分擠在墓前祭拜，並請來脫衣舞者助興。

不只求鬼，人也拜神，艋舺角頭大盛哥說：「靈驗的廟裡到處是人，大家就盯著香爐的香炷，看香灰燃燒成什麼數字形狀再去簽。」達官貴人、販夫走卒、政商名流，無一能脫逃大家樂的熱潮。根據非正式保守估計，全臺灣地區玩過大家樂的人數高達三百萬人，平均每七人就有一人玩過大家樂、投入賭戲的賭金可能超過百億新臺幣。

熱錢流通的時代，賭的「惡」，曖昧模糊。看似瘋狂無理智，已故人類學者胡台麗在一九八六年的論文〈神、鬼與賭徒〉裡卻這樣描述：「參與『大家樂』的群眾是在變遷的臺灣社會中追求更多發財和就業的機會，更多不受權威約束的自由……許多民眾從參與新發明的『大家樂』賭戲以及求問鬼神和研究籤符的行為中流通、獲取工業社會必要的資金，重溫農業社會人與人的親密關係。」

然而，過於熱絡的大家樂終究造成不良影響。通膨、治安、勞動市場出現週期性怠工現象等……行政部門開始取締與遏止，並於一九八七年停售愛國獎券。只是，地下彩券的風潮並未就此宣告壽終正寢，反而轉向依附香港的賭戲，開啟了臺灣的六合彩歷史。

「妳想想，一注幾十塊，選對號碼去連碰，假設賭本是一千五百塊，如果號碼連碰中了，可能一晚就有幾百萬獎金，」大盛哥說：「只要是人，都會想玩！」多年來，他和土豆二人在賭海浮沉，見識賭客大起大落，贏錢有時，但輸錢為多。

「欠錢一定會遭討債嗎？」

「當然，組頭又不是做慈善的。」但大盛哥說，因六合彩並不合法，簽賭必須建立在一定程度的人際信任才能運作，彼此熟悉的賭客與組頭，不一定會在一次簽賭就要求清償賭金；至於欠債殺人的案例不是沒有，但往往是遭催債時失手殺害債主。普遍來說，負債過多，「會選擇拋家棄子、隱姓埋名跑路。」

大盛哥也曾豪擲，負債千萬，問他難道不怕？他沒有正面回應，只是豪氣一笑說：「六合彩就是希望。」

如果賭是希望，林于如為何不跑，選擇殺人？她的謀殺明顯連結絕望，「究竟是什麼，成為壓垮妳的最後一根稻草？」

封緘書信，限時郵遞，但林于如的回音石沉大海。直到八月，才終於收到她的第一封信。

慕情安，

您想會面的報告我已經向監所提出申請，報告也下來了，所以我寫信告訴您一聲。一來是希望您和廢死聯盟的志工方小姐可以在同一個禮拜，因為我一週只能接見一次，OK？

對了！我是否可以請您幫我一個忙？這個月如果您有確定要來看我，是否可以請您到書局幫我買一本中文字典、而且是最小本的那種？書皮不是硬紙板的，要是那種軟紙面或薄軟皮的那種。記得現在有那種縮小型、一小本、一個手掌左右大小的好嗎？謝謝您了。

另外就是，如果您是開車前來，是否可以替我買一次達美樂的龍蝦舞沙拉披薩？目前監所新開放了好多可以從接見窗口進來的外食，像是肉粽、肉圓、水餃、麻糬……總之外面的小吃幾乎都可以，只要是沒有湯湯水水或醬料的，並用透明塑膠袋包裝好即可。雖然知道這很麻煩您，但希望能有機會滿足這十多年來的口腹之欲。但如果太麻煩您就不用了，只是中文字典就麻煩您了好嗎？

還有一件事，就是專訪的部分，我們主管有幫我問清楚了。您們可以直接跟臺中女監申請，不用到法務部，至於您們要怎麼申請，可能只有麻煩您們打電話向監所問要如何申請、準備什麼資料才能申請、程序要如何辦。好像是要到總務處去問，反正您們可以打電話向監所問會比較清楚，ＯＫ？

而中文字典可以隨收發信窗口寄入。最後，可以請您寄一些郵票給我嗎？八元或十五元，但郵票就得由書信寄入、收發窗口不行，而且面額不得超過三百元。好了也不多說，這個月見面我們再聊，ＯＫ？

祝您平安健康順心。

臺中女監　一九九九林于如　二〇二〇年八月十日

她以直行信紙打橫書寫，每個字都占滿了信紙格線的天地。字跡偏長、龍飛鳳舞。她手寫她口，無修飾而直白，有邏輯，但不縝密。信裡每當寫到ＯＫ，會在Ｋ的最後一筆畫上一道由右上往左下的斜線，是我所熟悉的八〇年代國中女生的書寫格式。相較於初次見面她靈動大眼與冷靜客氣給人的柔弱感，文字顯現了某種「氣口」：爽朗帶點剽悍，較近似於媒體標籤化她曾是風塵女子會有的性格。

依照她的要求，再次會面，仍與志工方小姐一同前往。這回，林于如的語氣顯得較為熱絡，對我帶去的字典與食物表達感謝，也分享了一些在監所生活的近況。會客時間有限，僅短短十五分鐘，寒暄後，開始嘗試與她討論未來可能進行訪談的方式——

「我打過電話給監所，希望依照《監獄行刑法》申請採訪，但現在是疫情期間，且邁入三級警戒，監所認為傳染風險很大，基本上不願意開放。我考慮過用會面的方式進行，但每次會客的時間很短，不太適合訪談，不知道妳有什麼想法？」

「會客的方式我也覺得不好，」林于如說：「妳也知道，我是死刑犯，跟妳們這種不是家屬的人會面，已經算是監所通融。妳要來看，我必須打報告上呈，監所同意，我們才能會面，一個月一次。而且每次會客，通話都會被錄音檢查，我覺得很沒有隱私。」

「我也覺得。但目前好像沒有別的方式進行，或許在可以申請正式採訪前，我們先透過寫信的方式進行？」

「我不想。」沒有預料，林于如語氣轉硬：「信件也是會被打開檢查、會被偷看。妳還是想辦法去申請。」她這樣堅持。

「我會持續跟監所接觸跟申請，但還是想請妳考慮通信的可能。畢竟，採訪後，我會將這些內容寫成書，到時候出版也是會公諸於眾。換句話說，妳對我說的話，本來就會被大眾看見；隱私當然很重要，只是以結果來講，關於妳所述說的『真相的隱私』，並不存在。」

會客結束前，林于如承諾會再想想，以書信回覆我。她沒有決絕，但隱約感受有堵牆正在形成。

離開監所，方小姐載我往高鐵站。車程上她說：「大家都知道她。我第一次去見她時，她請我帶一本《監獄行刑法》給她，登記會面時，監所管理員問我為何要寄這個給受刑人？是受刑人要考試嗎？另一位管理員在旁邊說：『她是要給一九九九的，怎麼可能是要考試？』代表大家都知道她。」

二〇一九年五月，是方小姐第一次與林于如會面，因友人受感情糾紛殺人之故，她並未特別妖魔化殺人犯的面貌，「見到林于如時，我也只是『噢，原來她長這樣』的感覺而已。」日後，方小姐固定每月會面一次，但多年過去，「仍然覺得她防備心很重。就連到現在也是。很多話她都放在心裡，不會講。」

方小姐與林于如的見面很單純。多半是為她補充日用品，以及問候身體狀況、擔心林于如可能再自殺。不同於被捕時新聞畫面裡豐腴得看似健壯的身材，林于如實際身體狀況很差：有長年的胃疾，食量極小，且有嚴重的頭痛，「她說自己都已經服用嗎啡了依然無法壓下頭痛。」頭痛的源頭不得而知，斷層掃描也沒有結果，「很多時候，我覺得林于如看起來好像很無所謂。死無所謂，活也無所謂。」

方小姐開始探視林于如的前一年她自殺。探詢原因，林于如只是委婉地對方小姐說「很複雜」。後來方小姐自己陸續拼湊，那一年，林于如唯一的依靠大姊林彤珊家庭發生變故，「然後她又在監獄裡發生三角關係。」各種閒言閒語與內外壓力，讓林于如迎來殺夫後的二次崩潰。日後，她習於回應事實，罕會討論感受，「一方面可能是因為會被監聽，二方面可能是，在監所裡信任了人，跟對方說自己的心事，但監獄裡的人際關係複雜，被背叛後，曾說出的私密訊息就被流傳，久而久之，她就不再輕易相信人，也說不出心裡的話。」

背叛。隱隱然覺得這是一組關鍵字。女性的潰塌或多或少都有背叛的影子。並不一定指涉親密伴侶的越軌，而是包括對某種期盼的棄絕——林于如的審判歷程，即牽涉司法的反悖與媒體的剝削。二〇二〇年六月二十八日，與現任法律扶助基金會執行長、於三審協助林于如辯護的律師周漢威約訪，想了解這起案子為何後來受到司法與人權團體的關注。長長的談話裡，他這樣反覆表達：

「這個案子有很多疑點、這案子沒有真正的真相。唯一留下，只有社會大眾對林于如的刻板印象。」周漢威略帶慚愧地說：「當時太年輕，這起案件又是多年來的第一個女性死刑案，壓力很大。事過境遷，我覺得自己做得不夠好。」

回溯歷年審判，林于如並非從頭到尾都被認定為死罪難逃——

二〇〇九年十二月十八日，林于如遭警方逮捕隔日，隨即確定被羈押禁見。二〇一〇年四月，南投地檢署求處林于如三個死刑。

二〇一一年五月二十日，南投地方法院合併審理判處死刑。

二〇一二年二月間上訴至二審，臺中高等法院改判林于如無期徒刑。

二〇一二年六月七日，最高法院發回高等法院，僅僅三個月，九月十二日，高等法院再度改判林于如死刑。林于如上訴最高法院後，最高法院同庭的法官在二〇一三年六月十三日駁回林于如的上訴，死刑判決定讞。駁回上訴的理由是「林于如因沉迷賭博，為詐領保險給付，於殺害其親生母親及婆婆後，短時間內再以上揭手法毒殺其夫，所為國法、天理均所難容，其人性既泯，已難有教化之可能。」

「然而，最後這樣的判決形成過程很有問題。」周漢威說，林于如一案偵查與審判歷時三年餘，二審時，臺中高等法院原判處林于如三個無期徒刑。當時法官的判決理由是，林于如僅於二〇〇九年間，因竊盜案件獲簡易判決，判處罰金一萬元確定，且素行尚稱良好、有高職畢業的智識程度。儘管林于如坦承殺害母親林侯月雲，犯下殺害直系血親尊親屬罪；殺害婆婆鄭惠升觸犯殺人罪，但林于如被捕後自首，並表達悔悟，「固均屬惡性重大，然均非罪無可逭，非永久與世隔絕，不足以實現正義、維護社會秩序」，認為沒有處以極刑的必要。

「而且她到底有沒有殺婆婆跟媽媽，證據上非常不全。但最高法院反而把這兩件看起來很有爭議的先定讞，判處林于如無期徒刑，再將殺害劉宇航一案發回。」周漢威直言：「這很卑鄙！如果單純發回也就算了，但判決裡卻直白地明示高等法院應該怎麼判。」

翻開判決書，周漢威逐字逐句地念出最高法院一〇二年度台上字第二三九二號刑事判決的內容：

刑法第二百七十二條第一項殺害直系血親尊親屬罪，其法定刑為死刑或無期徒刑；同法第二百七十一條第一項普通殺人罪，法定刑為死刑、無期徒刑或十年以上有期徒刑。前者固較後者為重。惟上訴人（即林于如）殺害其母林侯月雲部分，因屬偶發，且是上訴人第一次犯殺人之罪，並符合自首之要件，判處無期徒刑，固屬適當。但其殺害劉宇航，係在殺死林侯月雲及鄭惠升，以及殺害劉宇航未遂之後，已屬第三次殺人既遂，且為計畫性的預謀犯罪，其在接續殺害劉宇航未遂之後，本當及時醒覺，但臨崖猶不勒馬，執意利用劉宇航再次就醫住院之機會，以相同之手法殺害劉宇航。兩者情節及量刑應斟酌之事項，並不相同。尚難以上訴人殺害林侯月雲部分，業經判處無期徒刑確定，即認殺害劉宇航部分不得判處死刑。

行為人先前犯行，為其素行良窳之重要參考，法院將之列為量刑審酌之因素，並無重複或過度評價可言。上訴人先前殺害林侯月雲及鄭惠升部分，均經判處無期徒刑確定，其殺害劉宇航犯行，為其在不及九個月內，第三次為詐領保險金而殺人既遂，並非初次犯案，且所殺之人均屬至親，所為難見容於天地之間，如仍判處無期徒刑，則依刑法第五十一條第三款規定，宣告多數無期徒刑者，僅能執行其一，就刑之執行而言，無異免刑判決，對於無辜生命之保護與社會安全之維護，並非允洽，不符社會大眾對於法律及公理、正義的認知與期待，對於一再侵害他人生命權之犯罪遏阻，更難收一般預防之作用。

「這什麼意思？就是高等法院之所以給林于如無期徒刑的量刑，是考慮到她先前只有一個小竊盜罪、素行良好；於是最高法院就先認林于如殺害婆婆與母親的判決，讓這兩起看起來其實仍有疑問的案件定讞，然後發回最沒有問題、有明確證據跟證人的劉宇航一案。再告訴高等法院：林于如並非只有一起竊盜前科，還有殺害直系尊親屬與殺人詐欺的前科。這樣的做法，根本就是明示高等法院應該要判處無期徒刑以上的刑責，那是什麼？就是死刑。」周漢威氣急敗壞地形容：「講難聽點，這就是創笅（tshòng-kiáu，詐賭）！」

周漢威嘗試力挽狂瀾，但空間有限。「可能因為發生在中部，有地域落差，最初林于如的辯護律師的辯護策略，其實就是用認罪換刑度。」當律師朝認罪方向處理，許多牽涉事實的部分，就容易被忽略而欠缺釐清，「像是檢方認為林于如殺人是因為負債，但她的債務究竟多少？關於殺害母親的部分，她前後也有不一樣的說詞；另外是她本來沒有精神病史，卻在嫁入劉宇航家後，跟著婆婆一起看精神科。以及，她精神鑑定時，智能處於邊緣，像這些部分都應該調查，作為提供給法官量刑的參考。但林于如原先的公設辯護人卻沒有為此多做些什麼。」

除此之外，林于如的案件還牽涉審級制度救濟的辯證。最高法院針對死刑，有所謂的「連身條款」，連身條款是指，一旦死刑案件上訴到最高法院，若發回高等法院重新審理，其後不論被告或檢察官上訴，此案就會分派給最高法院同一庭審理，不論發回幾次皆然。原先，審級制度的設計是為了保障被告權益，讓被告上訴時，其案件有機會讓不同的法官審理，但因連身條款的限制，死刑犯無論怎樣上訴，最終都會回到同一群人手中。

「這樣來看，連身制度到底是保障被告還是對被告不利，就有疑慮。」周漢威說，當時另位律師陳國偉認為，審級制度在林于如一案因法官已有既定想法、甚至進行實質評價，形同掏空，主張應該聲請法官迴避，「但聲請法官迴避很敏感，更何況是最高法院的層級；當時我不夠勇敢，如果有再一次機會，就算機會渺茫，我也要嘗試看看。」

帶著力有未逮的歉意長達十年，法律扶助基金會試圖為林于如申請特赦。走出周漢威的辦公室後，困惑在我腦中盤旋：林于如被羈押後隔日的媒體報導，其殺害婆婆與母親彷彿已成事實；現實中，警方是在林于如坦承殺害劉宇航後，才找相關人等進行正式偵查筆錄，且偵查內容，僅止劉宇航一案。此外，當初林于如被捕時，僅承認殺害劉宇航。儘管警方懷疑林于如恐因詐保犯下連續殺人案，劉宇航案爆發時，其婆婆與母親早已下葬，證據為何？警方究竟怎樣得知犯罪過程？

「一開始我們的確不知道她有沒有殺婆婆跟她媽媽，沒有證據。」但陳明城強調，「我們絕對是證據到哪裡就辦到哪裡。我們一看就知道，因為她都是投短期保，所以我們就覺得這個案子跟竹山那個案子一樣。」

抱持著這樣的「合理懷疑」，陳明城靠著動之以情去得到林于如的自白：「警方在她家搜索時，搜到她給人家算命的紫微斗數，算命的也寫到說，那個命格近親都會死亡，好像是在描述她本人，覺得她可能很信這些。所以我們告訴她，妳命中帶七殺，勸她『妳命帶大凶，如果不是妳做的便罷，否則因果輪迴，妳這輩子不還，後世還是要還。』可能這樣因果勸說，最後她就承認說，媽媽跟婆婆都是她殺的。」

依法規定，偵查中的羈押不得逾二月，考量羈押期限即將屆滿，南投地方法院檢察署聲請南投地方法院進行不公開訊問，於二〇一〇年二月八日進行。該次審理，律師並未到庭。法官問林于如對羈押即將屆滿有何意見？她說：「希望可以交保，因為房子快要被查封。」

除羈押問題，法官另外向她確認：「對於檢察官偵查之三件殺人案件，是否坦承犯行？」卷宗紀錄，林于如坦承犯案，但她說：

我知道針筒裡面加的是我在吃的安眠藥與抗憂鬱的藥，因為我先生有向我拿，而且我有看到他在電腦桌裡面將那些藥磨碎放進一個小瓶子裡。我有聽到他在開水龍頭的聲音，出來之後，他就把瓶子交給我，還給我一個乾淨的針筒，讓我一起帶去醫院，說如果我婆婆安靜不下來，可以施打那些藥物。因為一直到凌晨三、四點，我婆婆還是安靜不下來，找了護士，護士也說她沒有辦法，所以我就把那些藥物裝在針筒，然後打進我婆婆的點滴裡面。當時我有猶豫，擔心這樣的藥量會不會過量，我平常睡前要吃五種藥，其中一顆白色十字的，另一顆白色橢圓的分別是安眠的、抗憂鬱的，我有問過醫生，所以知道這些藥的功效，我先生之前也有跟我拿藥吃，所以他也知道這些藥的功效，那天我先生是特別跟我拿這些藥，當時他跟我拿白色十字、白色橢圓的每種五、六顆，這是他特別指定的，之後都沒有還我，而且我有看到他在磨藥，剩下的藥都沒有還我，我想他應該是磨完了。當時我想說我先生應該不會害自己的母親，所以猶豫很久以後還是把藥打進去。

媽媽的部分我承認是我推的。推我媽媽下去的時候我真的也慌了，當時我母親已經昏迷，然後我就把我母親扶正放在樓梯上，然後去探她的氣息跟心跳，然後我在驚恐之下就逃離現場。我也不知道當時為何會失去理智推我母親，而且推她的時候我也沒有想到保險金。

林于如認下三條命案，但自始至終，她都未曾將殺人動機與詐保連結。只是否認無用。在警方、檢方與法官眼中，林于如是「逆倫弒親犯行，反綱滅情、人倫道絕」之人。她為了賭，縝密投保、謹慎殺害，「但實際上，她的執行手段很粗糙、過程更是傻！」訪談周漢威時，他這樣評價——如果林于如的設想天衣無縫，殺害劉宇航一次未成，且已被懷疑，為何在眾目睽睽下二次下手？為了詐保，應盡量避免懷疑，但她一次殺人、同樣手法、間隔短暫，我問陳明城對此有何看法？他連連搖頭：

「就是這樣，太密集了啦。丈夫跟婆婆間隔大概兩三個月，就是太急了啦。常理不會間隔這麼短，只要慢慢來，都一定會得逞。人家頂多只會懷疑怎麼有點密集，卻不會多想，畢竟她婆婆有慢性病，死掉也是正常。」

「如果這樣有違常理，我們怎樣確定林于如殺人就是為了詐保？」

「因為她投的都是短期保。短期保就像賭博，壓下去命中就會得到很多賠償，壽險就是這一種。因為一死掉就一定可以領錢。而且她投保的金額都很高，婆婆跟丈夫都是投同樣的險種。」

「除了這個以外，還有哪些原因讓你認為她是為了詐保而殺人？」

「因為她就是簽六合彩欠債所以急著要一筆錢。」

「但當初有人去跟她討債，比方黑道來威脅不還錢要斷手斷腳之類嗎？」

「當時我記得她欠哥哥五十萬，印象中是沒有暴力威脅，不過有人去撒冥紙。」

不過，筆錄記載，劉宇航胞妹劉蕙瑄說，從未看過有人至家中追債；至於林侯月雲死時，南山人壽曾進行調查，認定其死因是意外，才發放保險金；而鄭惠升至警方調查時，其大體已火化，證據更難掌握。林于如若聰明狡詐，為何要認？

「我不懂妳為何承認？」中秋團圓的節日前，與方小姐買了月餅，再度前往臺中女監申請會面。隔絕窗口裡，對林于如發出這樣的疑問，但她沒有回應。

等待。又是數月過去，才接到她的再度來信——

慕情安：

那天見面後，我一直在想有關您想做採訪方面的事。我會去想是否要讓您對於我到目前為止人生的所有面向有澈底的了解。會去想，一是因為入獄以來也已經十多年了，我不想再沉默下去。二是今年中秋節與大姊見面後，談了一些──幾年前發生的一些關於真正事實的部分。再加上我現在的身體狀況，我在想，不管姊姊面懇後接下來的決定如何，我也打算把一些這十多年來沒人知道的事做個了結，因為不想留下什麼遺憾。

但您也知道，對於我的身分問題，外面要接觸我、想要了解我的事的人不是沒有，但都因為我目前的特殊身分，幾乎沒有人可以成功地接觸得了我、甚至想知道的一些事情，不管自小或懂事後，到最後為何會走上這條路的一切。這次如果真的要讓您訪問，對於我來說也有一些相當私人的部分必須揭露。所以對於您私人的部分，我也必須先有相當的了解。我才有辦法想要用什麼方式讓您了解而無阻礙。

所以針對以下，我所想問您的一些問題，或許也有比較私人的部分。但我並不是要您一定要接受，也無其他貪圖，您可以自己判斷要不要，不勉強ＯＫ。但如果您接受我所問的問題，您給我的答案也一定要是確實，否則後面的部分我也無法告訴您。

一、您還有其他家人嗎？有誰？

二、如果有家人，他們的思想觀念是屬於保守、開明，會不會干涉您、會不會尊重您的決定？

三、您結婚了嗎？如未，目前有男友嗎？有結婚的打算嗎？還是您也屬於不婚族、目前還單身？

四、您的思想是開明樂觀派，還是保守型的？

以上問題，可以不回答、不理，但如果要回答，就如以上我所說的，必須誠實、確定的回答，那我才有辦法決定要如何告訴您怎麼做，或許對您很冒昧，但我必須清楚，才可以再和您談為何我會問您以上的那些私人問題的主因。您可以深思以後回答我，看是要回信告知，還是要再下來接見。但我希望的是您可以先以寫信方式告訴我您對於以上我所問您的私人問題。那您下次來接見我問我為何要問您這些問題才有意義，OK？

不急，深思後再決定要回答我，還是不。我說過，我沒有任何貪圖，但也或許是時間到了，又剛好您想要了解。對於我而言，是明天會先到，還是無常會先到，不是我或任何人可以決定，或給予肯定答案的。對於一個可能一輩子都走不出這獄中大門，甚至不敢有希望、盼望的人，還能有什麼企圖心？或許是上天的安排，在這個時候，有您的闖入，對於我這樣一個死刑犯有興趣、有人對於我的人生，想去知道一些不為人知、原本不可能浮上檯面的故事。

我私人的部分有一些當時我還沒有勇氣去承擔的，但經過這十幾年來的監獄生活，也許是上天的安排讓我有勇氣去面對、承受，甚至跟這十幾年來對我不離不棄的姊姊說出十多年前的真實情形。跟姊姊面懇後，我心情上也有相當大的轉變，有害怕、有看開、有放下，也有部分終於可以釋懷了。我也不知道這次是我們第幾次會面，也不知道自從您見我第一次後，到這次，您對我這個背著兩個無期徒刑、一個死刑的人的感覺跟看法。但我只知道，也許是上天的安排，又或是再次的捉弄，直至今天我的人生中我所失去的、受過傷害的次數，已經讓我連想都不敢去想、也不想去想了，但卻在我打算放棄一切的這個時候，上天卻讓您闖入我的人生中。

慕情，我可以這麼叫您嗎？對於一個什麼都沒有、什麼也不是的人來說，那是多悲哀的一件事，您能體會、可以明白嗎？有人跟我說過，他相信的是，在這個世界上人性是本善的，但也有人說過，他相信的是人性是本惡的，但對於現在的我而言，人性是本善、是本惡，都不是我想去知道的了。因為這些年來我真的澈底地累了，我也好久沒有和任何一個人去說過這麼多有關內心或一些事情的了。

我相信對您而言，當您看到這次我寄給您的信後，一定可以從中知道一些事情，了解一些我想說的事。因為您才小我二歲、又從事記者工作，不可能不了解。但我也說過，不急，您深思過、想過後，再做決定。我也說過一切決定權在您手上，而不是我。對於我來說我能順從上天的安排。

但不管最後如何，我還是要謝謝您，不管之前是因工作還是……反正就一句話，這幾次見面謝謝您，一切我都記在內心中。

祝

平安健康　順心快樂

臺中女監　一九九九林于如　二〇二〇年八月十日

林于如這次來信，其實是分次寫成的。在主信外，另外有了一張P.S.的補充。補充後，她又寫了三張信紙，傾吐關於兒子與母親的信息——

慕情妳知道嗎？妳的生日我這次才發覺和我已出養的唯一兒子的生日是同一天。只是不同年，卻是同一天。三月八日，妳七十二年，他九十五年，相差二十三年。雖然他已經出養國外將近十年，但這段時間我不知道他過得好不好，但這也是我當年唯一能為他做的最後一件事：

就是遠離那時的臺灣。那是因為我的案件而引起的是是非非、真真假假的混亂時期。

到現在我還是很想他、好愛他，也好想知道他現在的生活過得好不好。但一切又能如何？他也是我到現在為止內心深處的一個痛。而這個痛除非這輩子我走了，離開人世了，不然這個痛將也會跟著我一輩子，怎麼也不可能忘的。

另外就是因目前我的身分特殊問題，又加上妳身分也特殊的關係，所以也造成了監方不太願意讓我和廢死聯盟一樣打報告的方式跟妳每月通信、接見的主因，這也是為什麼我會想用另外一種方式，不會讓監方有阻防的用意，也可用另一種身分接觸，讓妳聽到想要的東西。而妳也將是我最後願意再提起説出我這三十幾年來的一切。因為就如我前面所説的，一半因這次與我大姊面懇時，我已經對她説出一些我隱瞞了十多年的事實真相，我現在唯一的親人、我的姊姊，是讓我可以走到現在的唯一力量，而這個力量、這個勇氣，會不會因為這次而懇坦白對她説出的真實而讓我們的情感有所變化，我也不知道。

這次選在中秋跟姊姊説出當年的真相，除了我説到我的身體狀況外，也因為今年是我母親過世滿十二年，還有多少時間我真的不知道。每年十月、十一月是我最難熬的時候，因為是我媽的忌日，尤其今年剛好滿十二年，而更諷刺的是，國曆、農曆，都是我的生日同一天，國曆十月十三日、農曆九月十六日，很可悲吧，不是嗎？這十二年來，我從不知道什麼叫快樂、什麼叫開心的一天。

也許是我沒有福分，又或許是我犯下的罪過太深，所以上天才要收回原本將要給我的一切，但我不會恨，也不會怨，因為一切都是我自己犯下的罪惡。所有的一切我都會接受。最後願妳跟我姊一切平安、平靜地過著生活，也願一切的一切都由我來帶走、來承受，換來最後所有人的平靜人生，尤其是大姊和最後的妳。

于如留　最後的祝福

反覆閱讀，思考如何回信。願意接受訪談，對想傾聽的我來說是一重大突破，然她字裡行間顯示極大情緒起伏，以及因我與她兒子同日生等原因而有移情現象。雖有心理學的知識與長期訪談的經驗累積，但沒有諮商、輔導的專業訓練，使我對如何回覆的拿捏缺乏掌握。此外，她原先拒絕的訪談形式如何突破，在這封來信裡也顯得模糊。儘管如此，她信件裡因邏輯欠缺而未補足的敘事空缺，仍使我好奇。躊躇後，決定回信。

相較於她條列式的提問，我的回信是一篇長文。除對她願意信任表達感謝，也表達願意替她協尋兒子的意願；針對她提出的問題，則幾乎鉅細靡遺地陳述。不僅是家庭幾人與誰生活這樣的限縮內容，而是補足脈絡地陳述為何一個家庭只有女性。以女性為核心的成長經驗如何影響我對家庭的想像，又是如何去理解成長過程中男性的缺席與獨自背負家庭責任的女性的苦難。

回信時想起國小、國中階段曾交過的一名筆友。當時流行郵購，目錄都是些現在看來亂七八糟的小玩意。我很少購物，而是在目錄裡的小方格抄下一個又一個郵政信箱號碼。後來通信的是幾位陌生女孩。最遠的住在新界。彼時不知道日後會去到那裡，關心香港的土地開發。而一位住在新店新烏路，字跡很美的姊姊，當時處在父母離婚的陰影，苦惱是否要蹺家。

這位姊姊信寫得很勤，一週好幾封，每次寄來都是厚厚一疊。像她活著就在等收信、等寫信。我們從未見過，她所寫給我的字卻比任何一人還多。信件斷在她去了男友家之後，山上的地址再也沒有她的回音。整理過幾次，她的信卻始終留著。每回整理，重新端詳，她所寫下的憂愁在如今的年紀看來該能雲淡風輕，但那時候的她顯然無法負荷。

留下她的信，因為她消失了。日後有了社會學知識，見過許多和她類似生命經驗的女孩，心底知道她的生命可能會是什麼走法。但所有她寄來的信件，始終沒丟。保有問號有時如同保有希望，雖然可能極為鄉愿。

想起這些，因為卷宗裡紀錄，林于如生命出現第一次崩裂，和那位姊姊一樣同是十七歲。至於一路滑坡，也是在依附於伴侶之後。但及至真正深入一位女性的生命，並與其拉扯、對峙，才頓悟某些經驗的理解或雷同，甚至是對社會結構的掌握，並不等同能貼近他人的思考模式甚至揣摩或理解他人的選擇。為了開啟社會溝通，以「知道她是殺人犯，但不將她當成一個殺人犯」，嘗試以還原人的面貌去與林于如建立關係，這目的與過分的謹慎將帶來副作用與後座力，使我偏離觀察者的位置，深陷挫折與對真實的迷惘。

監禁與鬥爭

約在寄出信件後兩週，再度至臺中女監拜訪林于如。拜訪目的，希望她提供一些側訪者的聯絡方式，比如她形容十多年來對她不離不棄的大姊。但她說姊姊對於陌生電話一律不接，需要等她去信告知再讓我聯繫。

探望時，依慣例替她添購日用品，同時，她亦以健康有礙、看診需要費用為由，向我提出小額資助的請求。她的氣色看來確實不良，身形比早前探望她時更為削瘦；儘管林于如身分與情況特殊，與受訪者間有這樣直接的金錢往來，仍僭越我對田野工作的倫理認知。與志工方小姐討論，得知廢死聯盟固定每月會給林于如一千元作為日用，她建議我稍做考慮後再評估是否支援。當天思考後，決定暫不匯款、結束會面。之後返北約一個月，收到林于如的來信——

慕情安：

這次您來看我讓您大破費了，對您實在感到很抱歉，但我又不知道要如何對您說，但總歸一句話真的好謝謝您願意幫我買那些日用品，真的很感謝您。但又有一件事不知道您是否願意幫我暫度過這段時間的困難。因為姊姊那我也還一直在等她消息，所以真的不知道如何是好。

我知道或許您會感到很困擾，也或許會嚇壞了您，再也不敢跟我有交集，但我還是希望您能幫我暫時度過目前狀況，如真的不行我絕不勉強，畢竟您這次已經幫我太多了，我實在不該再給您這樣的困擾跟麻煩，至於什麼事就是這次方小姐給我的一千元扣除後還不夠還差大概五百多元，所以我才想不知您是否可以再幫我，是否可以資助我二千至三千元幫我暫時度過這次難關？這次從窗檯意外摔下來，真的摔得不輕，沒有傷到骨頭是不幸中的大幸，但到現在也已經一個多禮拜了，全身還是疼痛不已，又加上現在原本兩個禮拜就得外醫去看低血壓的問題，每個月的精神科回診、消化科的回診，再加上這次摔傷的意外，還要回家醫科追蹤，因為當天發生時檢查雖然沒有傷到骨頭，但也怕意外沒有注意到的，筋骨的撞擊可能要一段時間才能恢復。因為這段期間還在等大姊跟我聯繫，所以才想如果您願意的話請先幫我度過這個月的困境。但您不願意、也感到困擾，也無法，那我絕不勉強，ＯＫ？但如果您願意、可以的話，我知您人在臺北也不方便再下來臺中只為了匯錢，但您可以到郵局以買匯票的方式，連您要一起寄給我的信，一起用掛號的方式寄給我ＯＫ？

另外我請方小姐寄給您我兒子的照片和相關出養的證明，最主要的不是真的要您幫我找到我兒子的現況，如果能我當然很開心，但相對的我其實在五年前也試過很多方法跟管道想去知道他的狀況，但由於當初出養程序上也寫了相當詳細的法規，在他二十歲以前，除了領養他的養父母或他自己願意與臺灣這邊聯絡，否則我是無權主動去了解或知道他的狀況的，這是當年國內對於出養孩子的法規。我只是想讓您知道，自從我們認識、第一次見面開始，我對您說過的每一句話、每一件事，都未曾說謊或有欺騙您的意思。就如我信中告訴您的，您是我人生最低潮時意外闖入的人，對您來說應該不是一件好事，但您的出現，改變了一些我原本想做的事，也改變了我原本不打算將我一生過程公開的念頭。

以前也有人想要寫下我的故事，但我一一推掉。我不知道為什麼當您提出時，我卻動搖了。您上一封信回信之前，我寫了將近六、七張信紙，我有跟您提過，如果是您想寫的話，我也只願意給您來寫。那封信我寫得很清楚，我相信您看完後，是想了很久才回我信的，也相對讓我了解了您目前一生的故事，對嗎？

這次您和方小姐來看我，我再次問您是否想知道我的人生，您說「是」，但就像我說的，我的特殊身分並不是那麼容易，所以我經過高人指點，要如何突破這個問題，來讓您順利進行完成您要做的事，也不會受到任何的限制跟干擾。這個建議我想了很久，指點我的那個人說的是不是唯一的方式，因為對您來說可能會是一個大問題，也是一個大麻煩。當天因為方小姐在所以我不方便提出，畢竟這是您的隱私跟權力，所以我才請監所讓我再打報告寫信給您。

我所受到的指點是，改變我們現在現況身分的問題。也就是說，您和我去登記成同性婚姻關係，這樣在我們要寫我一生的成長過程的故事的這段期間，對於您要接見我，或通信，都會沒有阻礙。甚至一個月還可以申請監內見面半天。以現在的同性婚姻法規定，任何監內長官都無法干涉跟監聽，只要我們的內容不違反監內或《監獄行刑法》的法規。以同性婚姻的配偶關係，一年內還有三大面懇的機會，任何一種您都有權參加，且都有半天的時間。

這方面您有自己的決定權，可以好好想清楚再做決定，當然，完成我人生故事後，您選擇要斷離這關係，我也一樣會尊重您的選擇，讓您恢復單身身分。您如果決定以這樣方式時，您可以選擇對外不公開，只限您、我、監內，而您的家人是否要讓她們知道，或是隱瞞，您當然有決定權。不過，如果要辦理同性登記，您同時要提出配偶間財產分離的問題，因為我有負債，您沒有，我不想因此連累到您。您明白嗎？同意，或不同意，或不願意，還是那句老話，一切決定權在您身上。您可以想清楚、思考清楚後再給我回覆，我希望是一切在沒有勉強之下，OK？

至於前面提到希望您幫助我度過難關的部分，希望您可以先回覆我。對了，我兒子帥不帥？但就算帥，我也永遠失去他了。最近天氣變化大，尤其北部，您要注意保暖，不多談了。

祝平安健康　事事順心

臺中女監　一九九九林于如　二〇二〇年十二月十日

拆封時，人在辦公室，坐在椅上讀著內容，情緒產生多重轉折：先是震驚以及困惑，而後有了懼怕，最終則揉雜某種類似憤怒的情緒。

情緒奠基於自我質疑：對林于如的司法審判過程存有疑慮，而成為無人聞問的死囚，為其少量提供基本物質所需，是否模糊了一位採訪者與受訪者該有的界線？而林于如建立關係的請求超越了既有的經驗與認知，她之所以敢於嘗試提出，可能不單因為建立關係過程中採訪者的距離拿捏失準，其核心更與我對關係建立必須真誠所抱持的過分坦承態度有關。

當她信裡問及家庭觀念是否開放？我答「視狀況而定」，因適逢同性婚姻爭議，信中以國中好友出櫃被趕出家門後，家人收留她作為一例。因而當她回信提及要以婚姻關係作為突破採訪限制的提議，竟讓我有誤入陷阱的不良感受——表面看來，我可以拒絕，但在臺灣監獄特別警戒於囚犯受訪的文化、以及林于如對自己隱私的保護，要能聆聽，幾乎沒有退路。與她接觸已近半年，在尊重她的前提下，配合著林于如對關係建立的節奏而前進，但一無所獲。這一無所獲的挫敗反噬導致起伏糾結——她毫無義務告訴我她的故事，但這些自我揭露與聆聽的意願及信任，似乎淪為她獲取物質需求的踏板。

不知不覺，我將她視為警方口中那樣富有心計的狡詐女子。但一方面又有另一道克制的聲音拉扯：若這是某種詭計，未免過於粗糙，且可能無用，而從她的角度出發，的確，我有決定權，就算再如何不適，相對一名死囚，我的籌碼為多。思及此，啞然失笑。從未意識：探究他人的人生，竟也像是一場賭博。

「為什麼要寫？」將信收折後，走向窗邊陽臺望河，深呼吸後自問。多年一現的女死囚獨特但並非主要原因，而是這起案件最初被定調為「沉迷於賭」的框架。明知不可為而為之的墮落引力，究竟如何發生並持續作用？賭博若僅有害無益，被官方納入運作體系，是否該視為推波助瀾——若從愛國彩券一路檢視，大家樂、威力彩、大樂透、今彩五三九等「公益彩券」，乃至於《離島建設條例》中的博弈條款，賭博並以非負面誘惑的形象現身。

二〇〇三年，臺北銀行推出一支由演員謝其文主演的廣告，在臺鐵宜蘭線的藍皮普通車上，一名男童倚窗看飛逝的風景，說出「車車」、「有房子」；每當男童口中吐出一物質名詞，謝其文便會以期盼的眼神與自信的聲音說：「喜歡嗎？爸爸買給你！」臺詞隨火車穿越闇黑隧道，迎向閱聽眾的是樂透彩四十二選六的玩法與符號。

賭博的本質蘊含選擇。當賭以正面形象植入人心，便進一步連結著可控性、想像與愉悅。

然而「十賭九輸」的古諺有其道理，數學家克里斯蒂安・惠更斯（Christiaan Huygens）指出，一位賭徒若在每次贏錢後都將賭注增加到他全部賭本的一個固定分額，但輸了以後又不減少，那麼即使他每次下賭注時都有一個正的期望值，最終也將破產。儘管如此，所有賭徒下注時永不可能設想自己是破產的一方，當抱持著這樣非理性的信念涉入賭局，則將入成癮不可翻身之境。

因此，許多先進國家對於博弈事業的管理囊括了心理精神健康的面向，會編列特殊專屬財源或預算協助賭博成癮個案就醫。相較國外，臺灣對病態性賭博的研究與發展相當落後。現階段全民健康保險的給付對於具有社會爭議的行爲不一定給予健保給付的價值，如用藥、單純戒毒行為、酒精成癮等，而這一定程度牽涉臺灣對精神醫療的汙名化。

「酒鬼」、「賭鬼」、「毒蟲」，汙名化的稱號是社會對人狀態的診斷，其中賭癮在一般臺灣人的認知中，是「自找的」。賭博成癮被視為人對控制力與理智的不負責任，但其背後隱藏了多重的複雜致病因子。

人們並非僅僅單純出於贏錢的目的才去賭博。諾丁漢特倫特大學（Nottingham Trent University）心理學家，專門從事行為成癮症研究的馬克・格里菲斯（Mark D. Griffiths）指出，賭徒會出於一系列動機去賭博。在對五千五百名賭徒所做的一項調查發現，想透過賭博致富雖是賭徒最大的賭博動機，但「賭博很有趣」以及「賭博讓人情緒亢奮」也是原因。

成癮行為是由推力與拉力共伴而成，賭博帶來刺激與快樂、內心期待賭博帶來的補償，是為拉力。而推力則是賭徒所屬環境的缺乏支撐，如逃離所屬的環境與壓力。

美國精神醫學會出版的精神疾病診斷與統計手冊（*Diagnostic and Statistical Manual of Mental Disorders*）第四版中，將嗜賭症列為「衝動控制障礙者」。當時精神醫學界認為，患者如果能夠控制衝動，就可以改善嗜賭的情況。但第五版時，因腦科學研究進展，發現賭博其實會改變人的腦結構，在求償中樞產生反應，就像毒癮或酒癮患者一樣，會產生戒斷症狀，因而將賭歸類至成癮障礙，患者屬於行為成癮者。

研究顯示，高風險因子包括男性、人格特質衝動、對新奇事物渴求，或是窮困的經濟背景。經濟因素會牽涉患者在賭博心理的表現——賭徒理性上知道，賭贏的機率是六分之一且是獨立事件，但因想要「賭一把」的非理性期望、靠賭博翻身，最終導致人生的破局。

值得注意的是，賭博成癮與人格障礙有關，也常有共病發生，比如憂鬱與焦慮。賭博成癮者多有家庭破碎，如單身、離婚、分居等情況，而教育程度也會有所影響；近年研究進一步發現，女性涉入賭博的情境通常受到伴侶的牽引。

這樣的醫學實證，與林于如一案被描述的並不相同。在所有可見的案情敘事中，劇本幾乎可以濃縮成這樣一句話：被害者劉宇航之所以被殺，「是因為酒女林于如漂亮，愛到較慘死，典型男人版遇人不淑。」世人不問劉宇航為何去酒店。彷彿她們的相遇沒有前路，彷彿劉宇航從來不會起伏。

我想知道那些未被揭露的事物。冷靜幾天後，依然這樣確信。決定回信給林于如，並在與主管討論後，在以林于如健康狀況為考量的前提下，提供她一次性的小額金錢支援——

于如好，

不好意思，這麼晚才回信給妳。方小姐告訴我妳寄信給我那一週，我人在外地出差，等到收到信時已經將近週末，週一才把錢先匯給妳，希望沒有太遲。寄過去的匯票沒有回信，是因為覺得要花時間比較仔細地說明，但年末的工作真的很多，一時間來不及好好回信，希望妳不要介意。

先說關於金錢支援的事。如同之前信裡提過的，我一個人要撫養三個年邁多病的長輩以及家中的開支，加上日常生活也會有變動，我並不是太有餘裕。

其次是，我們的關係建立在要書寫妳的故事之上，我跟公司回報過，但這樣的支出，並不是會計的正常支出，二來是，就算可以列為正常支出，這也會影響未來書寫內容的可信度。所以從我或公司的立場來看，這樣的提議都不可行。

第二件事，是妳提到註冊結婚的事情。老實說，看到這個提議，非常驚訝，不知道妳是為什麼會想到這樣的方法呢？無論如何，還是先謝謝妳替我想這麼多，要如何能夠順利地跟妳進行訪談，應該要由我自己想辦法才對。儘管如此，我不能夠接受妳的提議。原因如下：

對我來說，人跟人之間的關係既脆弱又珍貴。不管這個關係是因為什麼樣的原因開始建立的，我都希望這段關係可以是健康的。不要誤會，我並不是說，同性婚姻這樣的關係並不健康，我所謂的不健康，是說，我們並不是基於婚姻原本的意義去結合。換句話說，妳的提議像是一種利用。而利用並不健康。

的確，我在信裡回答妳，我並沒有特別想要結婚，目前也沒有太多的期待，但這並不表示，我就要違背「婚姻」這兩個字的意義。對我來說，現在之所以還不想要結婚，是因為我沒有遇到我覺得適合一起生活的人。所謂生活，會有很多起起伏伏、很多需要一起承擔跟面對的責任。而人之所以會想要去承擔這些責任的折磨，沒有愛是辦不到的。所以對我來講，如果婚姻等同跟人共同生活，那麼這件事情並不是像我去一家公司上班、老闆給我錢、我做好他交代的工作，這樣簡單的利益交換關係。而是人跟人之間，很慎重的承諾。

不只是婚姻，朋友之間的關係也是。我們雖然是因為要寫故事才開始建立關係的，聽起來，好像跟工作有一點類似。但人跟人之間，一旦開始交流，就不會純粹只有利益。記得我之前的信應該提過，對我來說，故事是很珍貴的。故事就是人生命的一部分。是她的經驗、她的記憶、她的反省、她的領悟。故事就像是人身上的一塊肉。

所以，對我來說，當妳說妳願意告訴我妳的故事，那就像是妳把身上的一塊肉切割下來一樣。這是非常非常慎重的交付。因為這麼珍貴，所以我不能用很隨便的方式對待它。我從妳的信感受到，妳的提議一部分是為了能夠使我順利完成訪問而生的，包括想到負債的問題、包括想到我未來的問題。妳可能覺得，妳已經失去所有，是死刑犯，不太可能再離開監獄，而且妳想說出妳的故事，所以心甘情願被利用。但正是因為妳也是這麼慎重地對待自己的故事，更讓我不能去做出利用的行為。這會毀壞人跟人之間，沒有辦法用言語形容的那個像寶石一樣美麗的東西。

除了這個以外，當初想要寫妳的故事，是因為我覺得妳的故事，並不會只是「妳的」故事。妳的很多選擇，可能是很多跟妳有類似遭遇的女性會做的事。換句話說，我想像妳的人生經歷對社會是可以有意義的。我希望能從妳的故事裡，找出一些跟社會大眾有關的部分，然後把它寫出來，讓社會注意跟重視。比方，廢死聯盟提到的審判的問題等等。

可是，如果妳的故事，是因為我們有了婚姻關係，我才能寫出來，那這樣的故事，可能就很難被相信。看到的人，會以為我們是因為有私交，所以我才相信妳的委屈。如果這樣，不但妳的委屈不能被平反，那些該被社會大眾看到的問題，很可能也會被忽略。因此，關於寫故事的這件事，我會再去想看看有沒有其他的辦法。在那之前，希望妳可以多保重自己。

其實，就算不能夠面對面地談話，像這樣寫信也是一種方式。我知道妳注重隱私，但很現實的事情是，如果妳真的想要把故事說出來，那麼無論妳在告訴我的時候，有沒有被監看，或監聽，最後這些內容，都還是會變成公開的訊息。我知道，面對面跟寫信，有很大的差別，講出來的也會很不一樣。所以我不是說要逼妳只能用寫信的方式來跟我交談，只是要跟妳說，這也是一種方法，而我會想辦法，去爭取看看能不能有面對面談話的機會。

另外，之前跟妳提過，要好好寫妳的故事，姊姊也是很重要的。所以，如果妳真的願意把故事交給我，請允許我跟姊姊聯繫。我知道妳說過不認識的電話她不會接。但她跟方小姐有通訊息，透過方小姐轉告我的電話，我想她應該不會那麼擔心。我知道姊姊狀況可能也不太好，但我願意等待姊姊。就如同這半年多我們的狀況一樣。妳也不是一開始就很願意對我說，但至少，妳要先知道有我這個人，才可能考慮要不要說。姊姊也是一樣。我只是想先讓姊姊認識我。希望妳可以轉告方小姐，請她跟姊姊說一聲。

前面提過，年底的工作有一點多，已經連續一個月每天只睡四、五個小時。今年底，我應該挪不出時間去看妳，但一月我會再去找妳的。天氣冷，多保重，等待妳的回信。祝妳平安、健康。

慕情

拉出明確底線，嘗試重新調整我與林于如間的權力關係。若同樣以賭局比喻，當開始將這場採訪與書寫視為可能永遠無法實現的事，擁有無限賭本的轉換成我。然而兩週後，收到回信，信中她說：「妳回我的信我看了，也思考了好久，我之前就有跟妳說過，一切我會尊重妳的決定。而且妳說得對，妳也有妳自己的人生規劃和考量，所以我會尊重。」

對於援助一事，林于如也未多加請求或勉強，甚至表示會再思考如何才能夠與我進行訪談。儘管如此，她仍不願透露其大姊的聯絡方式，「她最近因為一些私人的事，和現在住的房子的問題必須先解決，所以先讓她處理好之後再讓妳們聯繫。畢竟十幾年來她為我入獄的事承受了相當大的壓力和負擔，我真的不忍心在這個時候再加重她的壓力。年關將近，妳要好好照顧自己。」

讀畢，嘆氣。

權力再度翻轉。一切退回原點。

錢。究竟什麼緣故讓林于如在閉鎖的場域內持續急迫用錢？信中她以身體有礙為由，但依法規定，當收容人無法繳納掛號費或部分負擔費用時，矯正機關會由其保管金或勞作金中持續扣款或催繳；若保管金用罄，監所則會通知其家人繳費；最壞結果，欠費遭鎖卡，健保署也會予以解卡，避免影響使用健保醫療之權益。此外，廢死聯盟固定提供她每月一千元，應不至於那麼窘迫。詢問廢死聯盟執行長林欣怡，她亦表示不太清楚，「不過我們去看她時，有時候會發現她有傷口，不知道是不是在監獄裡面遭到霸凌。」

被霸凌？意外的答案。這並非當時側面採訪時，其他受訪者對林于如形象描繪所可能發生的遭遇。劉宇航家人表示，林于如脾氣不佳，「想發作就發作。」陳明城則形容，林于如的性格相當豪爽，「問丈夫劉宇航是不是她殺的？很阿莎力，二話不說就承認。」從另起案件來看，她的性格甚至帶點剽悍、有仇必報——

二〇〇八年八月十六日凌晨四點，向來安靜的埔里鎮上傳出劇烈的爆裂聲響。位於鎮上西安路和北平街上三角窗的老字號臭豆腐店「你我他晚點」，慘遭祝融。熊熊烈火，吞噬了一、二樓的建築，老闆胡訓亮是第二代接班人，當時人在高雄，清晨約五點接到員工電話通知，難以置信長輩交給他的店面，竟然付之一炬。

消防隊在火災後針對現場一共進行二次鑑識，火場內的陳設物已全數燃燒殆盡。初期火勢是由店面西側的鐵捲門竄出，僅一樓有嚴重火勢，因一樓是胡訓亮炸豆腐的場所，設有瓦斯桶，消防人員緊急移開並以水帶噴霧降溫；「你我他晚點」的店面老舊，主要由輕鋼架與木板裝潢構成，當消防人員移開瓦斯桶時，二樓的火勢已經延燒、火舌四竄，鑑定時幾乎所有輕鋼架都嚴重扭曲變形。

鑑識結果判定，一樓西側轉角的瓦斯桶周遭受燒最為嚴重，火災調查人員利用火災現場氣體檢知器，針對受災的六支瓦斯桶採集定量氣體，發現通過檢知管的氣體呈現墨綠色反應，研判一樓瓦斯桶所在位置即為起火處。後續訪查「你我他晚點」附近鄰居，住戶林憲衛表示「起火時我聽到類似爆竹聲響跟塑膠的燒焦味，當時看到店面的鐵捲門已經變形且大概有二十公分的開口」；另位住戶童美鳳則是在凌晨四點左右先被樓下發出的撞擊聲吵醒，她打開門窗探視狀況，就已看見「你我他晚點」轉角處有明顯火光，隨即報案。

調查人員根據訪談進一步確認，發現鐵捲門確實有遭人為破壞情形；後續再用火災現場氣體檢知器針對「你我他晚點」在店內炸豆腐所使用的棕櫚油採集定量氣體通過檢知管，並未產生墨綠色反應，研判「你我他晚點」的起火點有助燃劑存在。後續針對六支瓦斯桶送內政部消防署進行鑑識，鑑析結果確認有重質類石油分餾液如煤油、柴油的成分，懷疑「你我他晚點」

是遭人縱火。

警方開始追查。起火前十分鐘，一名叫戴春蘭的女性剛好開車經過「你我他晚點」路口，當時有位穿著雨衣的人在建築物前，抬頭時剛好與戴春蘭四目交接，「但因為我很專心開車，所以看得不是很清楚，不知道那個人的性別與外貌。」警方要胡訓亮回想近期是否與人交惡？他自問待人接物都守本分，幾乎不得罪人，「要說唯一有可能的，大概是二〇〇七年八月，因為我臭豆腐的供貨貨源不穩定，所以曾跟批發商起過口角。」後來二〇〇七年十二月至二〇〇八年一月間，就不再跟原本的供貨商叫貨，「不知道是不是這個原因導致對方懷恨在心。」

胡訓亮口中的供貨商，就是劉宇航與林于如夫妻。胡訓亮一家最早並不住在埔里，而是霧社，父親本是教師，一九七一年時被調至山下一所新成立的國中任教，因當時軍公教待遇不算好，胡訓亮的母親翁正齡便向一位賣臭豆腐的老兵頂下手推車的攤車，開始賣臭豆腐貼補家用，也開啟了他們家與劉家的往來。翁正齡與劉清動的妻子很談得來，加上胡訓亮與劉衍良年紀相仿，就讀同所國小、國中，兩家除了做生意，也有不少私下互動，常常相互送禮，遇婚喪喜慶，雙方都會出席。

成年後，胡訓亮外出打拚，一九九七年，年紀老邁的父母親，要求既是長孫、又是長子的他回鄉盡孝，胡訓亮才返鄉接下臭豆腐的生意。當時「你我他晚點」生意算不上特別好，但也不差，「豈知兩年後，發生了九二一大地震。」

九二一大地震發生在凌晨一時四十七分二十一秒，是場芮氏規模達七．三的地震，震央位於南投縣集集鎮，由車籠埔斷層錯動所造成，在地表造成長達八十五公里長的地表破裂，引發大規模的土壤液化與山崩，此後數十年仍深深影響臺灣的山林水土保持；斷層帶所經的埔里、竹山、名間、中寮、國姓、草屯等鄉鎮受創甚深。

當時，埔里鎮是南投縣死傷人數最多的一區。鎮上的中華商場夷為平地、經濟命脈埔里酒廠發生爆炸、多條重要交通道路中斷，「你我他晚點」自然也沒有躲過這場災難。甫回家接班就遇上臺灣戰後最嚴重的一場地震，讓胡訓亮焦頭爛額，先得等待重建、花錢整修門面，一直等到人潮回穩，生意才逐漸穩定了下來。

十年過去，「你我他晚點」成為外地觀光客來埔里鎮必訪的小吃攤，臭豆腐的需求量也愈來愈大，幾乎是鎮上最主要的臭豆腐買家，「本來劉衍良管事的時候，供貨都很穩定，但劉宇航回來接班後，他跟林于如兩人的經營態度很差，愛做不做。」胡訓亮回憶：「有一次叫貨，貨到時量根本不夠，林于如還臭著臉、用三七步站著抽菸對我說：『是因為我們兩家的老交情才優先給你！』」一次不穩，勉強接受，二次不穩，還能忍受，但此後遲交豆腐成為常態，不僅胡訓亮無法接受，附近商家也都抱怨連連。

「有天上午，我正在準備開店，附近的臭豆腐攤販卻突然全部集結來我店面，說劉家這種供應不穩狀態真的讓他們生意快做不下去，想要換供應商。但他們叫貨量不多，怕外地人不肯送，就想請我也加入，比較好跟新的供應商談判。」當眾人討論到一半，「卻遇到林于如來送貨。」胡訓亮說，當時林于如臉色大變，惡狠狠地盯著他看，再不久，「你我他晚點」就發生了火災。

有了懷疑對象，警方卻苦無證據。調閱監視錄影器，確實發現有一人影，但距離太遠，樣貌並不清楚，加上該名縱火者穿著的雨衣是風衣款式，也難以確認身形。「但當時我想，胡訓亮說的動機滿明確的，加上縱火是很大膽的事，應該是男生做的，所以我就把劉宇航叫來問話。」問話後，陳明城又覺得不是劉宇航，縱火案最後懸置未決。胡訓亮倒楣認賠。

直到劉宇航案發生後，陳明城才突發奇想，將林于如叫來問話，「她才承認說，沒錯，因為胡訓亮換供應商，等於也斷了劉家豆腐的生計，所以她很想報復。」陳明城透露：「她甚至說她本來想買槍，但苦無門路，最後才改為縱火。」

林于如若是這樣爆烈如火的女子，會甘於在獄中被人欺負嗎？為進一步了解狀況，決定暫停探視，改為接觸監所管理員，打探消息。

監所管理員王欣（化名）表示，林于如因其死囚身分，在臺中女監一直是特殊的存在。「她有時會暗示我，說她以前曾經做過哪些事，或試探性問我說『妳有看過關於我的節目嗎？《玫瑰瞳鈴眼》會演。』」王欣透露，臺中女監有另一知名女囚，她是警方於二〇一六年破獲的販毒集團首腦，且是中部一位知名角頭的前妻，作風剽悍，擁槍自重；入監以後，這位知名女囚不改作風，覺得自己「有點分量」。不同於一般受刑人常常無人探視，林于如與這位女囚都屬有外援的特殊受刑人，「所以她們就會互相比較。知名女囚會覺得：『我是角頭老大的前妻，妳林于如是什麼東西？不過殺了幾個人，算得了什麼？』兩人互相不對盤。」

證明存在，與監獄的剝奪與封閉或許不無關係。在監獄，囚犯沒有名字。與林于如信件往來、申請會面，都必須填上她的囚犯編號「一九九九」。囚犯的作息起居都遭受嚴格控管，愈是罪行嚴重者，自由的限制也就愈發嚴峻。

目前監獄囚犯分為四級，主要限制接見和通信次數。第一級收容人：不限定接見通信次數；第二級收容人：每三天接見通信一次；第三級收容人：接見和通信每週一至二次，可以和非親屬接見；至於第四級收容人，每週僅能接見和通信一次，且僅限親屬能夠接見。除非有特殊例外狀況如無家屬或親人能接見，可打報告由監所長官准許，或透過民意代表辦理特別接見。

死刑犯並不適用於累進處遇，而是以〈死刑定讞者處遇管理方式〉進行管理，為使死刑犯能較平和地等待行刑，落實一人一床政策，以臺北看守所為例，還可由收容人自行選擇舍房顏色，以亮度較高的顏色取代舍房之暗沉感；同時也能使用小型電器（小型電視機、小型收音機、小型電風扇、掌上型電玩），及申請機關代購乳膠床墊、乳膠枕及羽絨被等寢具，提升居住舒適度以降低焦慮。

至於接見及通信，死刑犯接見及通信對象可為親友，每週二次、接見每次以三十分鐘為限，必要時得增加或延長之。

實際上，林于如適用的處遇卻較近似第四級收容人。儘管她能自行選擇舍房牆壁的油漆顏色，但連收受保暖的羊毛手套也不被允許；尤其是接見部分，仍以十五分鐘為限，且嚴格限制僅親人能通信與接見。「但大概二、三年前，她曾自殺過，所以後來監所放寬讓廢死聯盟可以辦理探視，以安撫她的情緒。」王欣說。

林于如選擇在某天凌晨自殺。她將電器手提式電風扇、收音機、掌上型電視與掌上型電玩共十六顆電池，以及收容人隨身持有的備用電池全都吞下肚。「可能至少有二十顆。」王欣說：「她說自己當時不想活了，因為覺得吞一兩顆電池可能不會死，所以吞了很多顆。然後因為胃裡塞滿電池、導致沒有胃口，隔天什麼都沒吃，又一直想吐，她的室友很擔心，就向主管報告。她一開始都說沒事，只是胃口不好，到了第二天還是第三天凌晨，才坦承她吞了電池。」

監禁、剝奪自由，是為犯罪的懲罰與代價，但監獄本質是「矯正」機構，因此設計了「下工場」的活動，讓受刑人能賺取勞作金。根據研究，受刑人常透過勞動所獲得的勞作金，拿來購買日常生活用品與食品零嘴。這種直接生產、直接消費的模式，使監獄內的資本迴路看似僅在第一級的資本迴圈裡進行循環。然而監獄內的資本迴路其實是多元且複雜的社會關係，勞作金是類似透過社會組織的結構，使受刑人在監獄裡透過次級調適，以達到「自己是會生產、有用的人」的社會概念。

但這樣的制度設計基本是給一般受刑人而非死囚。死囚不會復歸社會，死亡的世界無需金錢，儘管死期的來臨無可預測。十多年來，林于如的日常即是等待槍決。由於長年未被執行，期間她曾提出下工場的要求，獄方也予以准許，但下工場後的林于如又和人起衝突，感覺自己無法適應，不久後便對獄方說她不要再做。

王欣推測，林于如可能因為身陷囹圄而放大檢視許多事，導致情緒不穩，「而我們管理員這個階層，傾向多一事不如少一事，所以大概都是採取盡量安撫她的策略；但長官 個命令下來，或是哪個同仁真的被惹到很不爽了，如要求太多『特權』，多到讓管理員覺得自己在侍奉大神，也是有爆炸的風險。」不僅如此，長期罹患憂鬱，使林于如的情緒起伏變化很大，「之前為了不想讓我們進行例行的舍房安全檢查，還有嫌靜思舍其他違規收容人太吵，她還在舍房亂摔東西。」

要求「特權」，被監所用以連結「林于如」的特質與行為，而非「死囚林于如」於監禁生活會有的的副作用——實際上，囚犯的獄中言行與監獄處境連動甚深，監所對受刑人行為的認識落差，恐怕是林于如監獄生活起伏的影響因素之一。

廢死聯盟針對全臺死囚與無期徒刑囚犯進行訪談，以了解他們在獄中的生活狀況，發現過往「死囚或無期徒刑的人因為不會被放出來所以會像是獄中老大」的想像已經不復存在，因累進處遇制度的緣故，像死囚這樣的四級重刑犯只能與家人碰面或通信。林欣怡說：「但那還要這些受刑人跟家人關係良好。」累進處遇需要受刑人表現良好才能晉級，「而若犯錯，就往後退，要再回到原來的級數就很難。」以無期徒刑者來說，從四級晉升到三級可能需要花上七年時間，因此重刑犯為求能與外界多多接觸，通常很守規矩。「反而是那些很快就能放出去的，很容易挑釁跟作亂，我們訪談時，不少受刑人都自嘲是『夾著尾巴過生活』。」

在林于如自殺後，臺中女監讓她住到另一間舍房，並安排一位六十多歲的老奶奶與其同住。回想起來，和林于如會面一陣後某天，在掛上電話前她突然問我能否為她添購一些零食餅乾？「獄友會分享一些東西，但我不太有能力分享，久了很不好意思。」向外援索取金錢，似乎成為她試圖維持人際關係的某種方式。

「另外我能想到的是，當時她可能需要買掌上型電視。」王欣說，林于如的室友基本上不是貪心的人，她和室友兩人的東西也不算多，「加上她也不太好吃、監所內也沒什麼享受，我想不出其他她會需要用錢的地方。」需要掌上型電視，是因為臺中女監舍房內沒有電視可看。「以前靜心房有裝大的電視螢幕，固定時間會遞遙控器給她們，但後來拆掉了，所以要看電視就要自己買。」王欣表示，對收容人來說，「看電視時間過得比較快。有一陣子林于如會要求晚一些吃睡前藥，就是說她想看電視看晚一些。」

因林于如身分特殊，臺中女監長官常要求管理員特別監視林于如的一舉一行，加上她曾有自殺紀錄，約在我開始接觸林于如後，因記者身分，臺中女監對她決定採取更嚴格的處遇，比方與記者接見的錄音檔需監聽內容；若與記者通信，亦須閱覽信件並影印留存。

一般而言，收容人的信件往返，原則上，對外通信僅檢查是否藏有違禁品，並不閱覽內容。林于如的信件之所以會被特別檢視，「是因為她曾向日勤場舍主管告知，其因採訪，會提及監內發生的一些事情，日勤主管向上陳報之後，長官才決定要監看與監聽其與記者的往來通訊，並影印留存。」只是通信迄今，監內發生「哪些事」，我並不知曉。又，監所內到底發生什麼不能被受刑人主觀陳述而須監控？

採訪頻頻受阻期間，時常想起楚門・卡波提（Truman Garcia Capote）的非虛構小說《冷血》（*In Cold Blood*）。那是一九六〇年代，距今已經超過半世紀，但卡波提能與囚犯鄰籠而坐，藉觀察其言行與談話，勾勒出當時美國個人主義對家庭的影響，以此建構加害人迪克（Richard Hickock）與佩里（Perry Smith）的內心世界、提供讀者對人類行為「為什麼」的洞識與時代脈搏的理解。某程度而言，對於囚犯與外界接觸權力的控制，反映矯正體系對犯罪的想像乃至社會形貌的期待。而那與社會多數的觀點深刻連動。

剝奪、嚇阻與應報，這是監獄體系運作的基礎與原則。嚇阻看似有點效果，對真正想犯罪的人來說卻毫無拘束能力；至於剝奪如果不是終生，巨大的牢籠則是犯罪行為再精進的教導所；理想上，監所應是再社會化的機構，實際而言，剝奪與限制囚犯與一般人接觸的機會，只是延遲與銷毀他們復歸的可能，乃至使死刑存廢成為社會永遠對立的議題——除犯罪者本質外，加諸於上的社會因子因此被忽略、欠缺討論，彷彿死刑或終身監禁，就足以說明複雜的一切。

林于如不是我第一個採訪受阻的罪犯。試圖採訪她期間，另外陸續處理追蹤幾宗個案，其中一件是發生於二〇一八年的華山分屍案。被控犯下強暴、殺人、分屍與棄屍的男子陳伯謙當時審判還未定讞，於法而言，僅是疑犯，在看守所內，他理應有接觸任何人的自由，但臺北看守所在我會面他時逕行監聽，以陳伯謙提及案情為由，發文嚴禁我再度前往。收到公文十分憤怒，嚴正提出抗議，上告法務部，來回折騰，臺北看守所才收回成命。

根據《監獄行刑法》第八條指出：「監獄得依媒體之請求，同意其進入適當處所採訪或參觀。」至於第六十七條也明定：「受刑人之接見或通信對象，除法規另有規定或依受刑人意願拒絕外，監獄不得限制或禁止。」儘管法務部在施行細則中另外訂定監所有核准與否的權力，卻未有任何規定限制擁有記者身分者僅能以申請採訪一途與受刑人會面。

但採訪一再受阻是事實。與林于如的拔河則讓人焦慮。在與主管討論過後，決定請託長期跑社會與調查的同事吳明儀透過人脈向臺中女監代為溝通，提出申請特殊會面的要求。電話裡，吳明儀豪氣保證「下次去臺中女監登記以後就可以直接跟林于如暢談」，於是收拾心情，急急南下，但會面時間十五分鐘一到，通話仍立刻被掛斷。走出會客室後至登記處詢問，卻遭監所人員詰難。撥電話再度確認，仍不得其果，吳明儀請我先北返，會再次代為溝通。

北返不久，收到林于如來信。信中她對我受所方為難表示歉意，並強調已向監所提出抗議。除此之外，是再度向我提出金錢援助的要求——

我有請方小姐問妳，不知妳是否能再先幫我寄匯票三千元給我急用？因二月五號前我還未跟姊姊那裡連絡上，誰知二月五日下午突然急診外醫，就立刻住院，所以我也只好先急寫這封信給妳，向妳說聲抱歉。那天的事希望妳能諒解，也希望年後能有妳消息跟見面。至於何時可以出院目前要看醫生放不放人，我想回，但醫生不准，所以我也不知道如何是好，才希望妳能先幫我，拜託妳了。人還沒有元氣，就先不多寫了，等妳，拜託了。

于如　二〇二一年二月七日晚　培德醫院

與吳明儀討論監所為何有這麼劇烈的反彈？他略為尷尬轉述：「林于如藉著妳要去採訪、寫書的名義，在監所到處放話，還大肆宣傳她要跟妳結婚。」王欣說，當我提出要為她一生寫書的請求後，林于如便對監所主管提及自己「要做一件偉大的事」；她的說法使得監所更為警戒，夜勤管理員被監所長官告知需留意「記者未經事先申請、逕行利用接見管道進行訪談」的狀況，若經發現，需制止並立即通報長官。監所的行動讓我訝異，因此前的接見，從未隱瞞記者身分，會面至今的談話也從未涉及正式採訪的範疇。

監所的高壓與封閉宛若黑洞，而林于如頻頻反覆索錢的需求則一再抵觸我的採訪倫理底線——進一步與管理員晤談，發現林于如寄出的該封信件內特別註明二月七日當晚她因病入住培德醫院，「但當天記錄表上沒有她在培德醫院住院的紀錄。」王欣說，臺中女監的確有一組人於二月七日在培德醫院住院、還動用靜思舍的看護前去照護收容人，「但住院名單裡面沒有林于如。」儘管王欣因權限無法完全篤定二月七日前林于如是否真的有保外就醫，無論如何，「我會覺得她的意思是希望妳認為她二月七日那天是在培德醫院住院，而非只是去看診。」

求證的局限，使我對繼續面見林于如愈發遲疑，加上另有採訪，最後僅先回了一封短信：

于如，

抱歉，過年後有一性騷擾案爆發，一直在外面奔波採訪，不知道妳身體好點了嗎？怎會突然急診，是哪方面的狀況呢？二月底前我大概沒有什麼空檔去見妳，但會盡量抽空找機會南下。

關於醫藥費的事，我有諮詢廢死聯盟，他們說，醫療的費用妳不用擔心，所方不會因為妳帳戶沒錢就不讓妳就醫，只是欠著延後扣還，所以安心養病，別想太多。

上次南下被拒絕不是妳的錯，所以不要自責。是所方的問題，我已請主管再去溝通一次。因更換了所長的緣故，之前提到可以有特殊會面的部分暫時取消，但只要是正常會面，所方不會禁止。至於手套的部分，因為所方說不能送，所以妳沒拿到，但春天來了，不會太冷。

雖然暫時無法特殊會面，但我想通信部分，還是可以繼續進行。妳出院後，希望妳能分享記憶中的童年跟家庭生活。

祝康復

慕情

試圖理解她的窘境，不誠實卻非我所能接受的狀況。因這牽涉記者這個角色對真實的判斷。

無法成眠，放棄書寫的聲音，在每個夜裡於腦中無限輪迴。

診斷的囿限

慕情安：

最近好嗎？很抱歉又打擾妳了。我知道妳這陣子很忙，沒時間處理其他事，但方小姐應該有幫我打電話給妳，跟妳說了我最近發生的事。監內換了新的典獄長，有些規定因為他都改了，所以這封信是要通知妳，以後妳跟我通信方面一樣沒有變，會由我打書面報告方式和妳通信。但接見方面不止妳、方小姐、廢死聯盟成員，包括執行長欣怡跟慈偉他們都一樣，都要由妳們自行跟監內申請要接見。但最快方式妳們可以打電話到監內直接申請，看要當天或提前都可以但如果要當天申請，可能要提前一、二小時就打電話進監內申請。因為他們要跑程序。也請妳幫我打個電話給方小姐，這樣她下個月來才知道怎麼接見。

至於對妳最抱歉，上次的事可能讓妳覺得不被尊重，這次跟方小姐見面她有跟我說妳的想法了，可是我現在在監內的這些事煩得我全不知我接下來要如何了才好。所以很抱歉我還是想請求妳看妳是否可以再次幫忙這次。如果真的不行，就真的不勉強妳。

二〇二一年三月十四日，林于如再次寄信給我。她寫了兩張信紙，第一張信紙陳述規定更換但多有重複。第二張信紙主要是對我的抱歉，信中姿態轉為乞憐。比起前次的信，這封來信帶有急促卻壓抑的節奏。並在她預計寄出前的一小時，又多寫了一張信紙：

慕情：

煩請妳幫我通知廢死聯盟執行長幫我通知我親大姊，三月十四日早上我再度受監內無理由我來做的事，但他們卻以懷疑理由又對我進行打壓、壓迫之行為，而當班長官、上級卻沒有人敢承認是誰所為從監視器看到的我有那樣行為，這就是一向臺中女監內部上級、長官之行為，但其實會下此命令之人就是戒護科長，也使我現在也有產生之感覺在我們的三餐飯菜內嚴重懷疑他們有下藥（以立可白塗抹）或下毒（以立可白塗抹）的之感覺出現了。所以我也對其監內送入之三餐不敢食用，一切就等林志忠律師入監內律見見面後詳談後，煩請妳幫我向廢死聯盟向妳親告之。而他們對我進行強制檢查時，對我進行的值班老師也之管理人員，有錄影錄音可查當時對話行為除非他們毀之錄影錄音。

二〇二一年三月十四日早九點多左右　林于如筆親

不同於告知規定更改的原信，後續補充的這張信顯示林于如似有精神紊亂與語言邏輯錯置等情況；只是一如既往，難以百分之百確認與查證其在監所究竟有何遭遇。而這些困惑與糾結，其實被部分監所人員視為「傻子」——「你們（我與廢死聯盟）是被她騙了。」他們總這樣說。

監所人員的訕笑，源於她們反對廢死聯盟救援林于如的其中一項主張——

二〇一九年四月，廢死聯盟曾舉辦一場「廢死星期四：死刑案件中的女性身影」活動，討論性別因素如何影響或導致女性犯案，而林于如是其中一案例。廢死聯盟除主張林于如一案在審判過程中有諸多因為性別偏見導致的審判不公問題，也另外提及近年涉及死刑爭議時，常被引用的「公民與政治權利國際公約」及「經濟社會文化權利國際公約」（簡稱兩公約）中，對智能障礙者不能判死的規範。

根據廢死聯盟描述，林于如在審判過程中，曾接受過草屯療養院精神鑑定。鑑定報告指出，林于如的智商僅五十七，是智能不足的障礙者。這樣的說法，一直不被接受、亦不為法官採信——當時審理林于如案的最高法院法官石木欽認為，「上訴人的學經歷、本案犯罪過程、詐領保險給付等罪的犯罪經過，以及她長期簽賭六合彩，認為她的智能，無明顯低於常人的情形。」

儘管周漢威曾一再表示，林于如的「計畫」有諸多破綻，比如劉宇航第一次入院時，她以針筒注射藥劑至點滴已經失利，第二次竟還採取同樣手法，相當不智。對此，陳明城卻有不同的詮釋與理解：

「那是因為她絕對不能讓劉宇航死在家裡。」

「為什麼不能死在家裡？」

「因為死在家裡必須報警，就會對屍體做相驗，會破功。」

陳明城主張，劉宇航多次因上吐下瀉入院，「是因為林于如平常就在飯菜裡放一些讓劉宇航不舒服、讓他一定要被送到醫院救治的藥，才好到醫院動手腳。」

警方的描述，沒有實際證據，卻為林于如的犯罪行為定調。因為一般人普遍對智能障礙的認知，是媒體經常放大的形象：語言表達能力不佳、肢體或面部表情扭曲、無自主照顧能力，甚至無法學習。林于如既已讀到高職，還能「籌謀」連續殺人以詐保的計畫，顯然與常理不符。只是，精神鑑定中的智力測驗結果顯而易見，這之間的落差，究竟怎麼產生？

林于如的精神鑑定，是由南投草屯療養院所進行。確定要送鑑定當時，林于如已經被控犯下二〇〇八年的公共危險罪（縱火）、殺母案以及二〇〇九年的殺婆婆跟殺夫案。「鑑定送來時，距離最後的案發時間，已經十一個月之久。」精神鑑定醫師回憶，林于如是在已收押的狀況下來院鑑定，「除了她本人與法警外，沒有其他家人陪同，所以我們鑑定能夠仰賴的就是她的自我陳述跟法院的卷宗。」

精神鑑定除了精神科醫師外，另外由社工、心理師等人與其組成共同團隊，分別執行訪談、收集資料、心理測驗等工作，最後由鑑定醫師撰寫鑑定報告。

「從訪談中我們得知，林于如是家中老么，上有一位哥哥、兩位姊姊，父親早逝，母親後來結交男友，對她來說，大姊是提供她最多協助的家人。」鑑定醫師指出，根據林于如的自我陳述，其出生發展都很正常，且學業成績不錯，「從這可以清楚知道，她應該沒有智能問題。」鑑定醫師說明，智能障礙會對認知功能發展產生影響，「輕度障礙者要讀到小學畢業都很勉強，如果她有智能障礙，不可能念到高中畢業且成績還不錯。」

精神鑑定需要對結果進行綜合判斷。在林于如的受測過程中，「我沒有看到她有任何認知功能問題、對問題的回應回答也可以切題連貫，只是情緒很平板，對事情的反應比較緩慢，但語言表達跟理解沒有問題。」鑑定醫師認為受測後會有智能障礙結果，「可能是因為當時執行精神鑑定的心理師是輪流的，缺乏平時的共同訓練跟討論，所以鑑定時的心理測驗品質很受執行施測的心理師影響。」

林于如在進行魏氏成人智力量表時，雖然配合，「但很容易放棄作答，經過心理師鼓勵後才會又再回答。」這表示林于如在測驗過程的受測動機低，可能跟面臨法律壓力有關，「畢竟這個測驗如果作答緩慢或動機不高，都可能會得到比較差的結果，但那只能表示當事人的受測狀態時的表現，而不是實際能力。」鑑定醫師曾有過其他的鑑定經驗，「有一名博士學歷的被鑑定人因傷害了家人的小孩來接受鑑定，他的智能衡鑑，也得到了智能障礙的分數，難道我們會因此就說他是智能障礙者？不可能的。臨床經驗上，我們也很常遇到有人在測驗時故意表現很差，企圖得到法律責任的減輕或是其他福利，換句話說，一般人想表現出自己有較差的智能是很容易的，相反的智能不佳要得到更好的智能分數卻是不太可能。」

然而，擁有大學學歷的智能障礙者，卻也真實存在。比如，二〇二二年當選新竹市東區復興里里長的黃建廷，領有身心障礙手冊，亦擁有大學學歷。詢問鑑定醫師，她認為這些案例必須帶入時空背景差異的考量——

一九九四年四月十日，學者和民間團體走上臺北街頭，提出「落實小班小校」、「廣設高中大學」、「推動教育現代化」等訴求，之後，全國教育會議召開，檢討了相關法令的修訂，同時也將發展身心障礙教育、改革高等教育、建立終身學習社會等列為教育改革重點。此後，大專校院開始擴張，身心障礙者不只可透過傳統管道入學，也可透過「大專校院身心障礙學生甄試」入學，不僅如此，許多學校也廣開「大專校院身心障礙學生單獨招生」管道。以二〇〇一年為例，當時接受高等教育的身心障礙者為二千八百七十四人，但至二〇一七年時，人數已超過一萬三千人。

鑑定醫師曾鑑定過一位持有智能障礙類身心障礙手冊的大學畢業生，「他有輕度智能障礙，很用功念書才能夠完成學業。那位被鑑定人的就讀科系是社會工作，問他相關專業問題，他都可以很好地回答；但若你給他意料外的提問，他的反應就會變慢。所以我們不會單看測驗數字跟學歷就認定智能的程度，還會參考如工作表現等生活狀況。」

鑑定醫師對林于如智力狀況的判斷，還另外參考了班達完形測驗。班達測驗是一種非文字測驗，用以判斷受測者是否有腦傷以及特質的評估。「透過測驗，我們得知林于如沒有腦傷的狀況，認知功能無缺，可以用很清楚的概念組織外界訊息，然後給出回應；但情緒上較為衝動，在維持人際關係會有困難。最後我們是參考她過往的就診紀錄後，綜合判斷她罹患精神官能性的憂鬱；至於智力測驗僅有五十七分，應該是低估的結果，並未納入臨床診斷中。」對於律師與人權團體引用心理測驗內容為林于如辯護一事，鑑定醫師表示能夠理解律師在工作上必須盡力為當事人辯護的職責。「但那僅是智能測驗分數結果的如實記錄，鑑定結論中，從未出現林于如有智能障礙之診斷，而是律師斷章取義引起的爭論。」

鑑定醫師的說法，勾起了早前收到林于如提議藉由同性婚姻以進行訪談的那幾封信時的困惑。收到信時其實驚訝。訝異一名智能障礙者竟可以迅速理解外界變化並將其與自身需求做結合；此外，因遲遲未能與林于如開啟訪談，一面展開側訪與其他資料搜集，在閱讀林于如曾寫給廢死聯盟的過往生活片段資訊時，也讓我對她話語的可信度有所遲疑。

這份文件主要著重於林于如與大姊林彤珊之間的關係。內容為林于如第一人稱口述，開篇文字第一段是「你大姊的事你管定了，而要與我和你媽為了你姊的事翻臉，我說了你們自己問大姊。」一文句主詞不明，要繼續閱讀才能明白，她所描述的是林彤珊因婚姻失和想離婚，卻遭保守的哥哥與母親反對，唯有林于如與林彤珊同一陣線的過程。

當時她未滿二十歲，已經輟學不再讀書，因緣際會認識了角頭老大，對方因為賞識她海派的性格與聰明伶俐，遂收林于如為乾女兒。在她的敘述中，結識角頭老大後她生活無虞，住在有管理員駐守的大樓住宅，甚至有跑車可開。在兄長與母親逼迫林彤珊回夫家時，曾起肢體衝突，林彤珊和林于如皆連被甩巴掌，這使她決定與原生家庭決裂。

「我打了一通電話，乾爹我現在要一些人，我乾爹對我說妳發生了什麼事？我對我乾爹說家務事。結果我乾爹對我說要幾個人，我對我乾爹說十個。結果我乾爹對我說要小心點，我說我知道，我就問他最快什麼時候可以到我住的地方，我乾爹對我說最慢二十分鐘我叫一個叫阿昌的人去妳那。我對我乾爹說謝啦，然後我掛了電話，我姊馬上問我說妳要幹什麼？我依然笑笑對我姊說，放心我自有分寸……。

「我看了一眼阿昌，然後從口袋拿出一顆訊號器給他，結果我看他按了訊號器，不到一分鐘又出現了大概五十人。我問阿昌為什麼帶這麼多人，結果阿昌說這是老爺交代的，他怕妳出事，所以除了妳跟他要的三十五人外，他另外安排了五十人，按兵不動。那他怎麼有另一顆訊號器，小姐，在妳按下訊號器時，我就馬上把訊號器交給另外帶五十人的另一個人，因在妳回家後我們也相約在妳家廟前會合，但我們分兩批，一是妳要的三十五人，二就是老爺怕妳出事另外的五十人，結果當晚我家門前聚集了大概上百人，但也起了衝突，所以也引起了仁德派出所跟歸仁派出所的員警，互調警力維護，假設幫派聚集圍事，影響住戶安寧，各自帶回偵訊……。」

通篇文字大致是這樣的敘事口吻。林于如所描述的自己，是精明能幹、擁有龐大資源且能照顧長姊的狀態。若她的自我陳述為真，顯然與廢死聯盟的主張並不吻合。然若仔細閱讀這些文字，卻又使人有著認知失諧的感受——她寫下這些文字時，已是執行囚期中。其所描述的內容，則是十多年前的往事。陳述鉅細彌遺、歷歷在目，比如當時她所居住的大樓有幾支監視錄影器也一清二楚。細節固然是真實不可或缺的基礎，但過於工整讓人懷疑淪為編造；遑論她的記憶，有太過離譜，或一眼即知的漏洞：

「結果我姊夫被修理得站不起來，結果當時仁德派出所、歸仁派出所的所長一趕到，結果兩個派出所長傻了眼，怎麼這麼多人，結果也看到了我乾爹跟其他七位，臺南縣市人稱八大天王的全齊了，結果兩個所長走上前，站在我乾爹面前，結果我乾爹看了他們一會，給他們一人一巴掌，結果全部的人都傻了，結果我乾爹就對他們說，你們還要你們官位，馬上現在把你們的人全部帶走，結果真的兩個所長，把所有員警撤回警局⋯⋯。

「我說好啊但我今天想喝紅酒，我乾爹看了我一眼後對經理說，你們有紅酒嗎？結果那個經理說有，我問那個經理你們店裡有貝斯特這個品牌的紅葡萄酒嗎？結果那個經理看我看傻了，結果我乾爹出聲問到底有沒有，結果那個經理才回神說有，可是、可是，我乾爹說既然有就拿過來，可是經理說，黃董但我得先跟你說，小姐指定的這個品牌的紅葡萄酒，是高單位的紅酒，我們店裡只有兩種，結果我開口說你先拿一瓶我看看，結果經理看了我乾爹一眼讓經理去拿，一個少爺跟在他後面用托盤放兩瓶酒，我叫少爺都打開，全包廂的人都看我想幹嘛，結果我拿起第一瓶酒看他後面的文字跟產地，問經理酒是跟哪個酒商訂的，他給你的價錢多少、你給客人的價錢又是多少，經理問我對酒有什麼疑問嗎？那經理跟我說他朋友賣他一瓶兩萬八、賣給客人三萬八，我問他你跟朋友很好嗎？你是賣完才結算，還是進貨就結算？經理說進貨就結算，我就大笑，大家都不知道我在笑什麼。我才說這個酒價錢是不合理的，而且我看得出是正品或是仿冒的……。

「我乾爹問我丫頭妳怎麼知道酒是假的，我笑著說乾爹貝斯特這個品牌的酒，是世界聞名的，而每個國家只有一個總代理商，這瓶貝斯特的酒神奇的地方就在，它不但品質一等一，而它防偽標誌是用火燒不壞的，而且這品牌的總公司是在英國的普羅旺斯，盛產葡萄紅酒的聖地，而整個英國普羅旺斯的盛產的紅葡萄酒，也只有貝斯特這瓶酒最特別、最香醇……。」

類似這樣的段落，不勝枚舉。也正是這些段落，讓我陷入困頓與糾結：若她像警方或是檢方認定的一樣聰明，文字的使用能力顯然不夠流暢；那些過易拆穿的段落如普羅旺斯並不在英國，也難以說服人並使其與他者建立信任；並且這樣的特質，又與智能障礙邊緣者的某些特性吻合——

智能障礙並非只有極端的狀態，而有分級的光譜。過往媒體激化呈現的智能障礙者樣貌多是重度與極重度者，大多會有併發症或躺臥不起的情形，實際上，智能障礙還分輕度、中度、重度與極重度。根據成大醫院精神部的衛教資訊指出：邊緣智能者智商約在七十至八十五之間，這種病人外表看來可能與常人無異，甚至可以讀書求學、謀生養家——但只能求得一般中低級學識，做個普通的工作。在壓力或環境不如意的時候，可能就會承受不了，而出現小孩的行為，甚至發生急性精神錯亂。因為在心智上相當於十一、二歲的小孩子；此外，這類病人由於智能不足、判斷力不正確，很容易發生一些犯罪的行為。比如有些個案可以認知自己不夠聰明，但又不想讓人發現，所以會自我掩飾，或有各種溝通的問題出現。有些能力不好又想工作賺錢的智能障礙者，很常變成詐騙共犯。

林于如是否處於智能障礙？由於鑑定當時並未調閱林于如在校成績，學業成就僅憑其個人主觀口述，實務經驗中，憂鬱症會影響大腦認知，加上受測動機不佳、動作慢也會導致智力測驗時呈現低估的結果。事過境遷、無法重新鑑定其實際智能狀況，鑑定醫師回應：「智能測驗的分數是低估的結果，林于如的智商應該落在正常範圍，倘若鑑定報告結論中能對此低估的結果加以解釋，就不會讓人有斷章取義的機會。」

種種落差，加上無法確認林于如的實際智能，使我企圖尋求其他解釋，比如「林于如是否可能是人格障礙患者？」鑑定醫師表示，與林于如會談的過程及收集的資料，並未讓她有人格障礙者的懷疑，因此沒有安排特殊人格測驗，而人格測驗之有無，並不影響鑑定報告對其犯行當時責任能力評估之結論。她的回應，逼迫我面對現實：面對充滿謎團的「典型加害者」，尋求解釋的行為，是否反而阻礙我們直視人性的混沌與晦澀，且易造成社會對話的阻礙？

我想起與王欣的訪談。她說因著監所的特殊性，受刑人習於試探與測試管理員或是任何外部人員「可以為她做什麼？」比方監所原則上規定九點要躺平，「受刑人就會問說，那我不吵到別人可不可以寫經書？」一旦管理者答應一次，或允許某人有例外行為，其他人就會比照辦理，想辦法從規定下得到好處。「我們夜寢接觸收容人都是晚上，一位管理員必須照顧二、三百位收容人，如果監所有特殊狀況，需要調動管理員，那可能一晚會變成每位管理員必須顧到五、六百人。雖然說晚上是收容人的休息或睡覺時間，但如果有人睡不著，或有身心狀況、斷藥等等情況，她就可能吵別人。這時候，不管收容人提什麼要求，我們就會以滿足他們要求為第一。」

矯正機關的人力困境，使矯正變得難以推進、僅有看守的功能，導致社會對受刑人復歸成為「正常的一員」不抱期待。沒有期待的未來，讓受刑人將「舒服地在監獄生存」視為第一要務，而在監所裡「精進」操控跟說謊的能力。「她們可能不是刻意為之，」王欣感嘆：「而是她們已經習慣這樣說謊與操弄，那早已變成她們生活的一部分。」

王欣的話語讓我警醒。對病或遭遇可以抱持同情，但真實仍是第一要務。林于如遲遲不肯提供除自身以外能夠聯繫的訪談名單、隻字未提她入監前的任何遭遇，確實讓我深深感到被操弄；反覆質疑，她是否真的願意告訴我她的一生？與主管討論後決定，若她不主動透露任何跟採訪推進有關的事，便不回應。就這樣，獨斷地停止了面見與書信往來，轉而投入其他案件的採訪。

冷處理的緣故，林于如不斷來信，問我為何未去探望、是否仍要繼續書寫她的故事？「如您決定不再打算跟我有任何聯絡了，我也只感到很遺憾。但也要很謝謝您這段時間對我的關心跟照顧，真的很謝謝您也非常感恩在心，只是事情到底決定如何，麻煩您再寫封信告訴我。」

她未有積極回應。我持續沉默。沉默延續四個月，她再來信，捎帶乞憐的書信口吻轉變：

「我五月三十一寫給妳的信，我不知道妳是否有沒有收到。因一直沒有收到妳的信，我真的不知道妳現那邊到底怎麼了？不管怎樣還有沒有要繼續，還是不要了，至少那個部分妳那邊也要給我一個確定的答案好嗎？請務必回個信讓我知道什麼狀況、什麼情形、妳那邊打算如何，OK。」

這段期間，林于如再未提起任何小額援助的請求，但最後這封信，改為索討郵票。此前，幾次回信都會附上面額約三百元的郵票，與我的書信往來，應不致超過先前提供的面額。或因信任瀕臨崩潰之故，她的來信，像是變相的金錢索討，如溝鼠緊緊囓咬我已脆弱欲碎的神經。忍住，回信委婉，表達因此前受監所干擾，無法判斷去會面後講什麼話，會被所方片面認定違規，所以暫時停止接見；並再次表達「希望下次可以收到妳開始描述自己故事的內容」。

一個月後，她的回信並未有任何能推進書寫的進展——林于如僅說，她再次和所方溝通後，監所已經完全明白我們要做的訪談是什麼內容，此後不會再對接見有異議。此外，她打算以寫自傳的方式告知我她的一生，並需要稿紙、筆與修正液。只是不出所料，信中再度索討金錢與物資。

反覆揣摩。決意直率地拒絕：

于如好，

用寫的敘述妳的故事沒有問題，我讀完後有什麼想問的也可以再寫信給妳，或是去見妳時問妳。至於書寫需要的消耗品，公司這邊提供沒有問題，是由我寄給妳嗎？或是怎樣進行比較好？至於藍筆或黑筆書寫都可以。第一次的書寫，希望妳可以從妳小時候開始談起，談妳的成長過程，是跟誰一起生活呢？那些年你們經歷了什麼事？居住的環境是怎樣的呢？妳小時候有哪些夢想呢等等。

然後，姊姊的部分，是否能讓我聯繫她一次呢？至於需要什麼日用品，請跟我說，我再想辦法買給妳。資助的部分我必須問過公司確定後再回妳。但我想機率應該不高，因為長久下來，這會變成一種利益交換，但寫報導或寫書，是不能有這一層利益關係的。就像之前妳提議同性婚姻時我跟妳說過的，要寫這個故事，是建立在雙方都有意願的情況下，我不會為了故事去做利益上的交換，希望妳也是。因為這種利益交換，會讓故事失去可信度，這樣一來，我們希望藉由妳的故事，去告知社會大眾某些公共價值或社會結構問題的初衷，就會沒辦法實現。

妳的故事有女性被壓迫的痕跡，審判過程中，沒有考量妳的某些狀況，現在回頭來看，也有一些瑕疵，我們希望告訴社會大眾的是這些。

之前也提過，健保積欠的部分，據我問過欣怡，是不會影響看診的，因此這部分妳真的可以放心，不會因為積欠健保費就無法看病，妳安心養病。疫情又升級了，妳在臺中也要多保重。

慕情

我上文具行買了厚厚的稿紙、筆與修正液，以包裹掛號寄出。三個月過去，沒有收到自傳，而是一封充滿情緒的回覆：

慕情安，

妳的掛號我都收到了，但至於筆的部分我無法收。因那種筆我們是不能有的所以我打廢了。有些東西你們或許不太清楚監所內的規定，就如妳這次寄的筆我不能收也無法收的原因，是因為筆管不透明，而那種筆又有彈簧，筆管筆芯都不是透明所以我不能用，所以才要打廢。

至於你們用寄稿紙給我的方式我有點不解，因你們買一本稿紙要六十元、寄要八十元，等於一次就要一百四十元，而且稿紙一張也才五百字，我是不知你們想法是如何，但對我來說成本太高了，划得來嗎？我們監內一本稿紙才四十元、六百字、一本一百入，而你們買的一本六十元、六十入、五百字，你們覺得划算，成本對你們或許不是很重要，可是對我而言負擔好大喔。還要加上寄回給你們的郵資妳覺得一段時間下來不會是一大筆費用嗎？

至於妳說錯字我就畫叉，其實對我來說我無法接受。因或許對你們而言那沒有什麼，但對我來說就不是這樣。就如同我之前寫東西給廢死聯盟，我也是錯字都用立可白塗掉重寫，因對我而言那是一種我寫的東西的完整性、要求完美的個性。只是差別七年前我的經濟狀況不如現在，所以我才會跟你們提起這次要書寫的用具與要寄給你們的郵資費。

你們用這種方式提供我稿紙跟筆確實困擾我了。我們私人放東西的地方也有限，妳一次寄四本稿紙給我我不知道要放哪裡。我不知道是不是想多了。或許你們公司或是妳對我的信任感還不夠吧。

臺中女監靜心房　一九九九林于如　二〇二一年十一月三日

她要我不需要再寄送任何東西給她：「我承諾的事情我就不會食言。」

只是冬天過去，春天又來。我始終未曾收到任何一個字。

懸於岩壁

與林于如斷聯時，備感挫折。已無法計算這是胎死腹中的第幾個書寫計畫，挫折感是雙重的。一是作為寫作者的自我質疑——當人不願述說、聆聽被拒絕，並不僅僅指向傾訴者的害怕，同時也反映出社會的狀態。

調查受阻時經常懷疑：這樣的書寫是被社會需要的嗎？如果是，為什麼這樣困難？而這天問連結著另一挫敗：敘述是一種再詮釋，如同報導充滿框架與再現，怎樣的「故事」是可被接受的，或也存在於敘事者的心中。他們的評估可能連結著某種社會需要，只是這樣的社會需要，不見得有齊一的樣貌。

不斷回想我與林于如的拉扯，究竟之於一位被釋放機率微乎其微的死刑犯，她的傾訴動機是什麼？如果是為了推翻媒體的形象，她應該爽快地告訴我。但她的告知如此幽微與曲折並且時常觸碰了金錢的界線，那總是使我心中警鈴大響。

不僅僅是倫理的問題。而是之於私人的我、記者的我，對這些案件的探索皆基於對未知而非某種一錘定音答案的探索；但作為受僱者的寫作者的我，不能否認當我一旦探索，這些對故事素材的蒐集不免就與利益有關。這樣的利益糾葛牽涉我身處的傳播環境的弱化。

如今臺灣幾乎不存在能夠支撐一名記者不在機構內、可以幾乎不進行日常生產只處理公共性調查的閱聽市場。市場要如何變現素材，或可藉由某些責任的劃分做為區隔，因而那僅是我對書寫質疑的其中一部分。核心的問題是，當文字弱化、視聽起飛，作為企圖透過傳播溝通的寫作者，究竟如何評估與拿捏此間的距離。無法採集確實是一問題，但當可以採集時，雙方的利益是否能放在同一天秤上較量？這是雙方合意即可無礙的嗎？我對田野遲滯不前的焦慮是否也受到了這個社會角色的壓力影響？而若真的收集到了素材，我應該說一個怎樣的故事？

種種自我質疑與角力，總在夜深人靜浮現。沒有答案，像懸掛於岩壁上，不知道手腳點於何方的攀岩者。上不去，卻也下不來、不願下來，因為抬頭仰望天空，總有開闊。

就在進退維谷的某天，我收到了林于如的來信。

慕情安：

好久不見了，距最後一次通信，也大概也有半年之多了，而今天寫信給妳，是主要跟妳說，我的人生自傳也完成了。而目前就等教化科檢查完，我就可寄出去。只是不知道你們是否還有興趣要，如果你們還有興趣要做這個出刊，如果你們還願意，看是妳要下來一趟我們談談，還是怎樣妳與公司談好，再給我答案。而也因我們半年多沒接觸了，妳是否還願意把我當朋友來看待、來關心、支持，好了也不多寫了，就看妳和公司決定了，還要不要再做這個區塊、出刊。

祝：平安、健康、順心

臺中女監靜心房　一九九九林于如　二〇二二年十月十三日

收到來信，喜憂參半。重新接觸代表修復與對話的契機，卻也憂慮關係建立後的再度拉扯，乃至她所言所行可被查證的比例與真實的距離。沒有立刻回信，躊躇猶豫，約莫一週，林于如又捎來一封短箴：

慕情安，

不知上一封信妳有沒有收到，也不知你們現在是否還對我自傳從小到大，到出事情的過程，還有沒有興趣要做，我之所以再次寫信給妳，是想知道你們與你們公司還有沒有要做，如果你們已經不想要了，也請妳回個信告訴我，讓我知道，你們的決定。而我這邊也才知道我的自傳要直接給誰，所以妳如有收到這封信，看妳是要下來一趟，還是寫個信告知我你們的打算好嗎？

不管要不要，都請妳回個消息，就這樣了。

祝：平安、健康、順心

臺中女監靜心房　一九九九林于如　二〇二二年十月十九日

這次收信，依舊為難，思考幾天，決定直接南下與她會面——與其揣測、沙盤推演，不如開門見山，對她提問。

時隔半年再見，我與林于如都略顯侷促。她不若先前削瘦虛弱，臉較圓潤，眼睛有神。對視後，她瞇瞇一笑：「我沒想到妳還會來。」語畢對視，和她一起尷尬笑了出來。

「收到信後其實猶豫要不要來，」我說：「因為半年前的最後一封信，覺得妳很有情緒。」林于如解釋，她確實不太高興、覺得被誤會，因為自己從來沒有想要訛詐。對她而言，我願意花費這麼長的時間與她互動只因為願意傾聽她的故事，她一直覺得感激。

「但我們只能用信件溝通，會有誤會，我只是不懂你們公司為什麼這麼奇怪，明明直接給我錢，我在裡面買稿紙、筆跟立可白比較便宜，你們卻偏偏要用寄的，寄來的東西有的也不能用，感覺很差。」

「或許是誤會。但從我們的立場來看，這麼長的時間，我們真的完全不知道妳的過往，只知道妳需要錢；可是這些錢基本上不是一般會計帳會編列的項目，這讓我們完全不知道該怎麼跟妳一起繼續往下走。」

直球對決，林于如也不見情緒，聽完我的說法，她只是說：「沒關係，反正就這樣，我已經寫完了。就看你們有沒有要用。」

由於還沒看過文本，尚未查證，我並未對她做出肯定回覆：「這部分可能要等我看完全部的資料以後跟公司討論才有辦法確定。」

她答好，並說自傳目前仍須監所看過、確認後才能外寄。剩下的短暫時間，問候了她的身體狀況、詢問她所需要的日常用品。會面告一段落，等候她寄來自傳。

這次等待，又是一個多月。直到二〇二二年十一月底，才終於收到她的包裹。

自傳以一紙箱裝盛，由傳統稿紙寫成，厚厚一疊數百張，初估約有十萬字上下。收到時，先略略翻過，關於事件，著墨不多，後來逐字謄打，內容多有重複，近五分之四的內容，皆是她自小至大的回憶。每段回憶，都包藏一位她的所愛；只是那些所愛，卻都連結著死亡與背離。

閱讀過程，一如先前與她互動時的拉扯，對某些敘述，會懷疑有所編造。但她的記憶述說了一份有別於警方與審判文件的文本。內容或不清晰，也有嘈雜，卻意外使林于如之所以走成這樣一個女人的線索一一浮現。

中篇：我是林于如

＊自傳全文經編輯修正錯字與剪裁長度，但盡可能維持原敘述口吻與筆調。

瘋癲及其死亡

我的本名是林佳儒，出生在臺南東區三世婦產科。生於民國七十年十月十三日，原住高雄內門金竹村。家族在村裡是擁有不少田地、山坡的地主，主要種植稻米、龍眼、地瓜、荔枝與竹筍。奶奶是獨生女，繼承太祖父母的產業，以招婿的方式結婚。爺爺入贅，在家族沒有地位，如同電視劇演的像是童養媳。除了傳宗接代的功能外，奶奶只給予爺爺基本生活權。

爺爺跟奶奶育有四男三女共七個兄弟姊妹，我的父親是長子，從小就跟著家族務農。父親很有才華、智慧，很聰明，母親則是非常純樸傳統的婦女。家中土地雖多，但因人口眾多，所以也只是能夠糊口而已，要說有富裕的生活或是存款，都是比較難的。父親只有國小學歷，因經濟考量就讀軍校，當兵結婚後回家務農，直到生下大哥、大姊，為了改善生計問題，才和母親外出到臺南工作，每週假日才會回到高雄老家探望祖父母。

我和二姊出生後都住在臺南，但滿月後，四個小孩都被送回高雄老家跟爺爺奶奶住。從小我就幫忙農事，每天的生活就是拔草、撿田螺、除蟲、灌水。稻米收成時最苦、最累、也最忙，因要收割，用風鼓車打穗，打完穗還要將草穗整理成束再燒掉。太陽大或正中午是晒穀的好時機，所以我們都要戴著斗笠在日正當中時翻穀。又熱、又晒、又癢，過敏跟晒傷都是家常便飯。

但也沒辦法，那就是我們的農村生活。

家族重男輕女，不過爺爺很疼我，我頑皮或是做錯事，他都會偏袒我，記憶中以來，爺爺就是我的靠山，也是我最愛的人。爺爺在一處山坡種植龍眼，也養蜜蜂，我在念國小前也總常和爺爺去他的果園。他會帶我去採山草莓。龍眼收成時我們會用龍眼木將龍眼烘乾。有時一上山就要好幾天，整天顧火，讓龍眼可以在鐵網上烘到全乾，乾後再運下山，把外殼剝除，再將果肉和果核分開，做成龍眼乾，當時一斤價錢都很好。有時也會收成蜂蜜，每次收成我都很害怕，有時會被蜜蜂螫得滿頭包。當時爺爺收成的龍眼、蜂蜜、蜂王漿、蜂王粉，都很純正，評價很好，也都賣到不錯的價格，大家紛紛訂貨，爺爺堅持品質，所以有很好的信譽。收成後，爺爺都會買我喜歡吃的東西給我。

農家人口多，沒有每個人的獨立空間，爸爸用木板自己隔間。大哥一間、大姊和二姊一間，除了爸媽回來看我外，我其他時間都是跟奶奶睡，或偶爾跑去跟爺爺睡。小時候爸媽返回高雄，我們才有短暫地爸媽在身邊的感覺。回想起來爺爺會特別疼我，和我像跟屁蟲一樣跟著他，總是幫忙等等可能有關。會黏爺爺一部分原因是因為兄弟姊妹雖多，但年紀差距大，不過我跟大姊的感情比較親近，因為大姊比較寵溺我，除了爺爺以外她是第二個疼我的人。

奶奶重男輕女，對大哥比較偏袒，一樣都是不乖或是做錯事，奶奶總是對我們女生比較凶，而且也會打，但對哥哥就不會這樣，只會罵個幾句。大姊跟大哥差一歲，兩人有時會吵架。一半是因爲不平，在我有記憶中，大姊從來不曾叫他哥哥。我們四人性格不同。大哥小時候很節儉，大姊比較外向活潑，二姊比較溫和，所以大哥跟二姊是親戚眼中比較乖巧的小孩，大姊就比較不受疼愛。我是因為年紀小，所以家人比較放任。

大概在我上幼稚園的年紀，家中經濟比較好一點，所以我是全家唯一有上幼稚園的，可是這時候也開始羨慕別人有爸爸媽媽陪伴在身邊的生活，不是說在爺爺奶奶身邊不好，但會希望下課回家就可以看到爸爸媽媽、吃到媽媽做的飯菜。我想爸媽可能也這樣希望，但要賺錢還是比較現實，這是我們家注定要犧牲的事情。也因此，這份渴望只能藏在心裡，越放越大越深。

因為兄姊年紀跟我差很多，所以就越來越疏遠，印象中，大姊大哥上國中小後開始會打架鬧事，也對讀書沒興趣。二姊比較溫和，但也不是特別會讀書，所以爸媽假日回來就是聽奶奶或學校老師打電話討論兄姊打架的事。爸媽對我們沒有採取打罵教育，都只是念念我們，要求我們做人處事的道理，課業沒有特別逼。但因為和父母分離、兄姊又特別需要關注，我覺得自己有被忽略，所以幼稚園開始有點叛逆，不想上課。某天知道學校有活動，我選擇逃課。

因為逃課，奶奶罵我，還打我，爺爺護著我。但爺爺因為入贅的身分被奶奶看不起，把氣出在爺爺身上，說就是爺爺太寵我，我才會不去上學。爺爺發現我的狀況不對，覺得我不是單純逃課，就帶我去山上的橘子園。因為我很愛吃橘子，他趁我吃橘子的時候，用比較嚴厲的口氣問我為何逃學，我本來敷衍說我就只是不想去。但爺爺說，我是他從小看到大的，有心事難道他看不出來嗎？我看著爺爺低下頭哭了好一會，才跟爺爺說我為何要逃課。爺爺把我抱到膝上，跟我說有時人一生的命運或許老天都注定好的，他的人生這輩子就是過著有丈夫名義但是沒有實權，為林家生子的功能。爺爺還說，他跟奶奶除了要生孩子以外都是分房睡，所以跟奶奶沒有感情，只有義務，就像他現在擁有的這片山坡地，種植的龍眼跟養蜂場也全都是他靠著自己省吃儉用才累積下來，不需要靠奶奶才有的小天地。所以他告訴我，爸媽不是不想陪我過生活，不想看我們一天一天長大，而是現實真的有太多需要犧牲的部分，才能換得穩定的生活跟家庭。

那時候我其實還是不太能明白爺爺跟我說的，只知道爺爺希望我好好地去上課。不過我想爺爺應該有私下跟爸爸說我不想上課的原因。爸爸後來不管風雨多大、多晚、路有多難走，週末他們一定會回到高雄老家住兩晚，一直到週日太陽下山才會從高雄又騎車回臺南。一次爸爸叮嚀我不要逃課，這樣我幼稚園大班畢業那天，他跟媽媽一定會回來看我、參加畢業典禮表演晚會。那時起，我就不再逃課，功課也還算不錯。

我是年尾生的，所以幼稚園讀了兩次，八歲才上小一，此時大哥大姊也畢業，兩個人都不愛讀書，所以爸媽安排他們到臺南工作，大哥被安排跟著一個模具師傅做塑膠模具，大姊則是去臺南高商讀會計，但因為大姊真的對讀書沒有興趣，所以大姊讀夜校，白天在爸爸公司附近，大概一兩百公尺遠的地方學美髮。二姊上國中後思想變得更成熟，我們也更加疏遠，我只有小小的夢希望可以跟爸媽一起生活。

其實我也不知道為什麼自己的渴望會那麼深。自從跟爺爺坦露後，我沒有再跟誰講過我的渴望，心中隱約有一個想法是想要讓爸媽重視我，更讓爺爺奶奶親戚朋友也看重，而不是只把目光都放在兄姊身上，所以我一直在功課上面有要求自己。

大概在我小學三年級，爺爺迷上了六合彩，一天到晚瘋狂地著迷簽賭。原有的工作斷了、養蜂場跟山坡地都收了。爺爺的轉變讓所有人都很錯愕，因為有記憶以來爺爺一直都有自己的原則跟分寸，當大家發現他不對勁而且把土地賣了，僅剩有名無實的養蜂場時，他已經頹廢到底了。

一開始大人用勸誡的方式跟爺爺談，他有聽進去，但後來又開始沉迷，四處拜佛，去問大小宮廟、到處立誓。這時我開始感覺害怕，因為這不是我認識的爺爺了，他有時候看起來正常，但有時候又會自言自語，出現驚恐、恐慌的狀態，甚至突然大吼大叫，連回房睡覺都不敢。爺爺常常以伸縮躺椅睡在大廳神桌前，或是我爸養魚的兩個水族箱下面。爺爺總是說他房間有鬼，那個時候也常常鬧得全家人人心惶惶。我爸爸個性很鐵齒，不信鬼神，他在週末回家的時候，半夜自己一個人跑到爺爺的房間去睡，想知道爺爺口中的鬼到底是什麼，但幾次下來一無所獲，也就不再試了。

日子一天一天過，爺爺情況也一天一天壞下去，常讓爸爸跟叔叔他們傷透腦筋。所有人也開始擔心，試著跟神明問事。問事結果，是爺爺到處去立誓所以那些無形的現在在討賞才引起的，這也讓爸爸他們必須跟金紙店訂一大卡車的各種金紙去替他還願。就算這樣，爺爺狀況沒有好轉，反而更加嚴重，到後來爺爺也有自殺傾向。第一次被救回來，所以常常要大家盯著，當時爸媽還是要工作，所以看著爺爺的工作就落在我、二姊、奶奶跟二叔叔、三嬸、三叔叔身上。

日子一天天過，二姊國中要畢業，我也國小四年級，但爺爺狀況還是沒有變好，一天比一天瘋狂，又有一天，爺爺又喝農藥自殺，那次剛好是假日，全家人都在家，那天下雨，媽媽及時發現，但爺爺就往後山跑，爸爸跟叔叔追去找他，強制把他帶到旗山醫院搶救回來，爸爸跟叔叔被告知，爺爺罹患精神分裂症，但那個時候哪有辦法醫治。村莊的人知道就跟爸爸說，有一就有二，救了兩次第三次就不一定，要好好顧著，所以全家壓力更大，但又不能綁著爺爺讓他不出門，所以憾事就發生了。

三嬸小孩滿月前，爺爺二天沒回家。但大家要準備滿月酒，很忙，一邊準備一邊擔心爺爺。

滿月酒那天我跟著奶奶坐公車往旗山，出村落大約兩公里處的地方，有一處小山坡，我看到像是爺爺的野狼機車。我以為看錯，不敢確定也不敢講，直到中午和奶奶又搭公車從旗山快要回到家中，在公車停下時，我遇到了媽媽和二姊，她們還騎著機車繼續找爺爺，我終於忍不住，從公車上打開窗戶，大聲地告訴媽媽、二姊：我好像看到爺爺的機車停在哪，要她們去那邊找看看。

媽媽在那個停車的地方四處找，但就是沒有看到爺爺的人，小路上另外一頭有一處是一條小溪，有一戶養豬的人家，媽媽去問爺爺的機車是從什麼時候停在那裡的？養豬戶說已經放了二天。媽媽是林家第一個媳婦，又不得奶奶疼，媽媽每次受委屈被罵，都只有爺爺會去安慰她，教她如何看奶奶臉色，才不會從早到晚都被罵。所以當她聽到養豬戶這樣講的時候，她更加擔心害怕不安。媽媽已經有了不好的預感，拉著二姊騎機車回家告訴爸爸這些事。

爸爸跟其他人聽完以後擔心起來，可是因為已經快中午了，又加上滿月拜拜，慶祝，所以只好所有的人都先忙，吃中飯以後，爸爸才要所有人除了奶奶以外都去爺爺停機車的地方集合，打算澈底地在附近找一遍。

爸爸帶著我跟哥哥找。在一條小路往前過小溪流，往一處樹林跟竹林大概走二十步左右，爸爸就突然大叫，要所有人都不用找，因為看到爺爺了。我跟哥哥往爸爸眼睛的方向看過去，遠遠地就看到爺爺的身影。我要往前走去，可是爸爸拉住了我的手，叫我不要往前。我看著爸爸，爸爸對我搖搖頭，其他人走過來的時候問說：「是死了還是活著？」爸爸說：「你說呢？怎麼可能是活的呢？」那個時候我覺得爸爸為什麼這麼肯定？爺爺的身影大概離我們有七、八十公尺，為什麼爸爸可以這麼肯定爺爺死了而不是活著呢？我想要往爺爺走過去，可是爸爸緊緊拉住我的手，直到媽媽把我拉住以後爸爸才繼續砍雜草跟樹枝往前走開出一條路讓其他人跟上。

大概到爺爺身影十五公尺左右，爸爸停了下來，不允許任何人再靠近，因為那個時候大家都已經看得更清楚了。爺爺確確實實地往生了。他用一條草藤緊緊地拉住了脖子，而另外一條纏在爺爺的胯下，讓爺爺看起來像是半蹲的姿勢，從遠處來看，他好像站著又好像不是。那個時候所有人都跪下來哭了，因為爺爺的樣子很醜，而且雙腿都已經有一些蟲，看了實在很恐怖。我的心很痛、很難過、很捨不得，但因為爺爺是在外面死掉，所以我們先報警才可以去碰他。

那段時間我其實已經不記得自己是用什麼樣的心情度過，只知道一開始一直在哭後面都沒有聲音了，等到拍完照，然後做完筆錄，警察才允許爸爸跟叔叔上前用刀子把爺爺脖子上面的藤菁割掉。因為有很多事要處理，我和三叔在那邊等檢察官還有法醫來，其他人則分身幫忙其他的事情。但三叔說他要回家拿東西再來，最後只剩下我在那裡。我就坐在離爺爺三十公尺處看著他，但我都沒有害怕。最後爸爸回來時三叔才跟著回來，爸爸狠狠打了三叔，媽媽這時候來抱我，在哭、問我有沒有怎樣。但我很納悶，覺得我沒有怎樣啊，只是有點冷。

爺爺喪事期間，我知道了一件事。爺爺會死在那邊是因為一個女人。那個女人是爺爺入贅我家前交往過的女人，是那個女人把爺爺引到那邊自殺的。大家會這樣說是因為爺爺自殺的那個點的樹林上方就是那女人的家，再來是爺爺的死法跟那女人一樣，也一樣腳沒離地，是半蹲姿勢。

爺爺引魂那天有八個道士，但是牛角都吹不響、鞭炮也點不著、鞭繩也打不響。最後是八個道士全力將草蓆向四面鞭打後，牛角才突然響了。然後他們叫爸爸背著爺爺的神主牌一直跑出樹林、不可以回頭、直接回家等他們。引魂那天的時辰剛好是下午快天暗的時候，所以引魂不順讓他們有點緊張，才會叫大家都快跑，就連祭品也都沒拿。

辦完法事要去吃飯時，道士才說那邊有太多鬼魂不讓爺爺上神主牌，吃飯時他們的雙腳都還在發抖。但爸爸不信鬼神，所以還是去把祭品都拿回來，不過他被罵一頓，要他不要不信邪。

回想起來，爺爺上吊的地方很少人去，雖然要找爺爺有把一些遮蔽割除，但沒有很大一塊，所以陽光照不進來，有點陰冷，光線不明亮，但是我一點也沒害怕。為什麼不怕？可能是因為爺爺是很寵我的人，潛意識也知道，爺爺雖然再也不會牽著我的手、摸我的頭，但他一定還是最疼我、最寵溺我的人。

真的有因果輪迴嗎、真的有鬼神、有是非對錯嗎？我有記憶、懂事以來，周遭發生的事情為何都跟連續劇一樣。好人都死光了，壞人、有罪、要有報應的人，卻都在享福。是否天理昭彰，不是不報，是時候未到？如果真的那樣，死去的人等得到平等嗎？如果這樣，為何死前要有善惡之分？

我的人生滿四十歲了，這四十年來，我真的愈來愈迷惑，也愈來愈不知道，什麼是對錯。或許我是因為爺爺當年的事，從開始寫自傳才想起心裡早就深埋或忘記的記憶。在爺爺死去以後，發生了一件影響我人生的大事。

親害

爺爺事件發生後，我們還是繼續過日子，但大概小學四年級，我身上又發生了一件事，這讓我日後的人生有很大的障礙，那就是我被我的大哥性侵了。而且不止一次。但那時候我被大哥警告，所以我不敢跟任何人求助，只是一次又一次忍受那種厭惡。

我們鄉下地方是個三合院，房間不多，扣掉二、三叔的房間，就只剩下爺爺住的那間房間、奶奶的房間，爸爸媽媽住的，只剩一間，因為在爸媽這房外，其他叔叔比較少回來，所以爸爸就把其中一間房間隔成兩間，一間給大哥，一間給大姊，其他人要有自己房間就要排。所以二姊是在大姊畢業後去臺南才有自己的房間。二姊畢業後，房間輪到我了。爸爸會希望我們上學是因為被朋友笑，說他生了四個小孩卻沒有一個是高中或高職畢業，所以才希望我們其中一個至少可以念高中。但大哥大姊不愛念書，畢業後都留在臺南，哥哥去學一技之長，姊姊學美髮、二姊則是去臺南紡織，一邊在建教學校上課。

當時只有大哥會固定回來，因為大姊的美髮時間放假不一定，二姊則是要一邊工作一邊上課，假日也不一定有空。這時候哥哥正是對異性剛好有興趣的年紀，所以就對我做了那樣的事。剛剛提到，爸爸把房間隔成一半，哥哥睡外面，我睡裡面那一間，爸媽可能想都沒想過我大哥會做出這種事，因為我大哥雖然不愛讀書，但對我爸還算尊重，我爸不會打罵教育，不怒而威，所以哥哥很怕爸爸，也才會在性侵我之後要我不可以對爸爸說，否則他會讓我好看。

那個時候我才小四要升小學五年級，所以就默默忍受。原本期待爸媽回來，後來變成害怕，每當哥哥跟著爸媽回來我就要忍受、無法反抗，所以我又跑回去跟奶奶睡，奶奶也很訝異，但沒多說什麼。晚上睡覺時，可能壓力反映出來，奶奶發現我有點不對，我都說我做惡夢，但因為我從小就是奶奶帶大，所以奶奶覺得我一定是怎麼了，有一次就跟爸爸說我的狀況。聽奶奶講了以後爸爸可能覺得事情不單純，問為何期待有自己房間的我居然這樣反常，而且還睡不安穩，連房間都不敢進去？

哥哥知道爸爸來找，又來威脅我不可以說，威脅我如果說出來會跟我一起死，因為我爸對我們的教育很嚴苛，真的做錯事他不會輕饒，比方我哥國中的時候偷拿我奶奶五百塊，爸爸知道以後大發雷霆，要他跪在祖宗牌位前面，用鄉下才有的荊棘打他，只是奶奶重男輕女，媽媽也覺得哥哥以後要繼承家業所以維護哥哥，但爸爸把所有人都趕出去只留我們兄弟姊妹，說他對我們要求不高，就是不可以偷拐搶騙、要正當做人，那次哥哥差點被爸爸打死，我記得哥哥身上都是血，要不是其他長輩撞開我家大門，大哥可能真的會被打死。那是我第一次看到我爸那麼生氣。

大哥威脅我後，爸爸叫媽媽把我找出去，當時客廳還有其他長輩，本來都在聊天，爸爸突然問我為何跑回去跟奶奶睡，在大家逼問下我無法招架，我偷看大哥一眼，大哥不敢看我，但我想起他偷錢的事，當時都被打成那樣，現在我更不敢想，這不只是亂倫，而是違反了做人處事的道理，所以爸爸不會打哥哥一頓就算了，但這樣我家怎麼做人，我講出來以後我也會不敢出門。所以那時候我拿爺爺當藉口，說謊說因為爺爺我不敢在那邊睡覺，但也不知道為何會做惡夢。

爸爸沒有接受，因為他很鐵齒，所以問我是否說謊，我說沒有我每天都看到爺爺，因為已經說謊了所以我要說其他謊來圓謊，畢竟我要是說出真相會無法挽回。最後舅公開口說，爺爺最疼我，回來看我睡覺不是要來嚇我，而是因為捨不得我。大家也都附和，爸爸不太信，但又敵不過其他人，所以就去到爺爺靈堂前上香、擲筊，問爺爺我說的是不是真的。那時候我很著急，求爺爺幫我不要節外生枝，沒想到爺爺真的給爸爸三個聖杯，最後爸爸才接受。爸爸後來又擲筊說，既然最疼小孩，不要這樣嚇她，爺爺又給三個聖杯，我看到好難過，哥哥對我做的事也因此成為我們之間的祕密，而大哥並沒有因為這樣就放棄性侵我，甚至叫我回房間睡覺只是我不肯。後來哥哥要去當兵，我也快小學六年級，這時候姊姊也有經濟能力比較可以回來，也會帶我去臺南玩，事情才告一段落。

我國中一年級左右，大姊有了一些變化，原本她要跟她國中交往的對象結婚，可是因為對象是客家人所以我爸爸反對，大姊個性獨立，沒有因此放棄，只是後來她男友去當兵，雖然她沒有兵變，但爸媽給姊姊期限，說對方如果半年沒有提親，就要分手。大姊的感情我其實不是很清楚，只知道他們愛對方但最後對方還是沒有來提親，我大姊因此自殺過。

爸爸給大姊兩個選擇，一個是跟二姊一樣去臺南紡織工作，再來就是接受他安排相親，最後大姊選擇相親。我不知道爸爸為何要姊姊那麼早結婚，只知道爸爸對對方很滿意。但才一個月的時間就把我大姊一生的未來定下了。那時候我姊姊已經沒有意見，但我很難過，因為她嫁人以後就不能跟以前一樣想見就見了。

當時我國中一年級，國中生活剛開始，因為小時候成績不錯所以我有進資優班，也因為體育不錯有點名聲，所以就在暑假開始新生訓練。我在體育方面的成績不管是國中每年辦的運動會還是鄉運動會，比賽回來成績都是第一名，我印象中我還曾經有累積到縣的比賽資格。

我的國中生活非常充實，雖然有課業壓力，但我沒有太大負擔，至於田徑課更是我覺得放鬆的時候。一次我們要參加比賽，教練要選選手，希望我參加跳遠跟四百公尺，當時實力跟我相當的好友，她跑一百跟兩百公尺。比賽開始，為期三天，在鳳山體育場比賽。其實我們壓力都很大，因為要拿到區運門票不容易，這些成績都是妳未來能不能進入體專或是臺體的機會，對那時的我來說，我不討厭讀書但是走運動我更想要，所以我真的全力以赴。

那時候我的夢想不是北體就是臺體。那是我國中生涯第一次代表學校去參賽，當然也就對自己要求很高，最後如我所願，個人賽都拿冠軍，團體賽也是冠軍，教練很高興，因為女生組幾乎大滿貫。

我的國中一年級即將結束，我的二姊突然說要結婚了。她是我們家最乖的小孩子，差一點就可以拿到高職的畢業證書，這個也是我爸媽一直以來的期望，可是她們沒有想到她們認為最乖巧個性溫和最聽話的女兒竟然說要結婚就結婚，雖然這是因為二姊懷孕了。爸爸拜託姑丈姑姑去打聽那個男生的背景，但是得到的卻是那個男的風評並不太好，但是二姊就是為了這樣子的一個男人，不管其他人怎麼樣的勸說就是堅持要嫁給他。

因為二姊的堅持，爸媽最後只好答應讓她結婚，但這個對我的爸媽而言是很大的打擊，這也是我懂事以來，第一次看到我爸爸掉眼淚，自從我的二姊嫁人以後我的爸爸一直悶悶不樂，在旁邊看著這一切發生過程的我，很心疼我的爸爸媽媽，但是那個時候的我也沒有辦法做什麼，就只是默默地陪伴看他們的失望跟落寞，也是在那個時候我對自己許下承諾，爸媽想要的就由我來完成，讓我完成他們的夢，雖然我不是他們的期待，但是我可以靠體育這一條路去滿足爸爸媽媽想要的夢想。爸媽原本對二姊的希望開始轉移到我身上。

我家跟外公外婆家距離大概兩公里，外公外婆本來有兩個兒子，其中一個在小時候被同學逼吃橡皮筋所以死了。而女兒有四個，我媽媽是排行老三，三個阿姨都很早就嫁人了。二姨丈因為喝酒酒精中毒死亡，所以我國小三年級時，二姨就自己扶養兩個小孩，經濟上就要靠姊妹協助；小姨丈也因為喝酒鬧事撞到橋下所以死了，小阿姨為了扶養三個小孩所以經濟也很緊，就只剩下我大阿姨，她算是所有人裡面最幸福的，因為大姨丈很有錢所以她在經濟上算是最好過的，我國二的時候因為爸媽還有存款，只剩下我一個人在念書，所以經濟還算寬裕，爸媽也在仁德買了房子，但我唯一的舅舅因為小時跟同學玩耍不小心把眼睛弄受傷，學業低，因此雖然有固定工作但一個月才兩萬八，我舅媽沒有能力，所以家中大小事都落在我外公外婆頭上。

我舅舅有五個小孩，錢都不夠用，我爸媽跟姨丈都叫他去結紮但是他還是生。我舅舅腦筋不好，所以外婆也是認分照顧。就算外婆很努力工作找錢但舅舅家開銷實在太大。所以對我外公外婆來說，每天都是睜開眼就在想著日子要怎過下去的情況，很多時候都還是靠我姨丈幫忙，每個禮拜爸媽回來也都會去外公外婆家探望他們還有表弟妹。

有一天外婆把我叫去房間，問我表妹怎麼了，為何每天給她一百塊零用錢吃早餐買飲料卻總是不夠用？我聽外婆問了表妹的事情以後就去找她，表妹在我的逼問下，最後全說了，是她們班上的大姊頭，看我表妹個子小、話又不多，覺得好欺負，加上我表妹不敢反抗，成長背景導致她比較內向，於是大姊頭就要表妹每天幫她買早餐、飲料、零食，除了大姊頭外，連大姊頭跟班的份也要買，所以表妹才會問外婆可不可以多給她一百元。

跟表妹談完後我決定要處理這件事，我到了教室就問某某某在嗎？問她是否有叫我表妹買東西，她很不客氣地回我干我屁事、嗆我憑什麼，連她乾哥、乾姊、男友是誰都一起嗆出來；這時候我已經失去耐性，問她到底還不還錢，她還是嗆我憑什麼，所以我就火了。她男友請我給他面子，我說好啊那你幫她還錢，但怎可能，我去計算過，那不是一筆小錢，算下來不含假日我表妹總共付出了五千多元，所以她男友也傻住。那個大姊頭一直不懂為何我要幫表妹出頭，還嗆我說要單挑，於是我就踹倒了桌子，她還不知死活繼續嗆我，於是我就抓起椅子往她頭上砸。椅子散了，學妹倒在地上頭破血流。我罵她說單挑妳還不夠格，錢不用還，就當妳的醫藥費，接著我說，某某是我表妹，誰敢動她下場絕對比現在倒在地上那個人慘，接著我就回教室。不久後救護車就來了。

我被叫到訓導處，但我一聲不吭，教練來了，想當然耳主任一定又要記我過，但教練怎可能讓我記過？我是主力戰將。所以教練就把我帶走，但我依然都不辯解，所以教練就用他特製的木棍打我屁股。他從沒發過這樣大的脾氣，但這次真的很嚴重，他問我知不知道嚴重性，如果打死人怎辦，我還是沒有辯解就讓教練打，直到死黨去攔著教練，教練才發現他打我也打得太用力了，但在那樣多學生面前他也是拉不下臉來，最後他氣到坐在桌子前面問我到底知不知道錯，這個時候我才抬頭跟他說明，然後說我也給過她機會可她這樣要我怎樣，她只是個學妹還這樣一直嗆我，我如果什麼事都沒做以後我還要在學校混下去嗎？你們不分青紅皂白就要我認錯、你們就對嗎？

大家在旁邊阻止我要我不要說了，但我也被激怒了所以停不下來。教練此時也拉不下臉，就站起來甩了我一巴掌，所有人都被這一巴掌嚇到了，我更加生氣因為從來沒有人這樣對我就算是我爸媽也一樣，於是我就瞪著教練，跟他說我要退出田徑隊。我離開學校，去飲料店，打電話給我大姊前男友，他安慰我說，沒事，他會從中插手，但教練的部分他沒有辦法幫我，必須要我自己跟教練化解。他說教練可以處罰我但不應該打我巴掌，我如果離開是否就真的不練田徑，也都要想清楚。

後來我打學妹的事情爸媽知道了，爸媽知道前因後果；意外的是，學妹的爸媽知道以後，不但沒有追究還把他女兒欠我表妹的錢，在學校校長室裡把錢都還給我爸媽，並且保證以後她不會再找我表妹麻煩。至於教練打我一巴掌的事情我沒有讓爸媽知道，因為據我對爸爸的了解，這一巴掌不可能善了，雖然鄉下可以打罵教育，但不代表可以打巴掌。但我已經被打了也不能怎樣，不想滋生事端所以也就不講了。

後來將近兩週就真的也沒去田徑隊。我其實一度掙扎要不要這樣賭氣。要走體育這條路是我從小就想要實現的，也許天注定我跟它沒有緣分，而且那時候我的個性也很固執，如果緣分已經盡了，我沒有繼續下去也不會影響。我對爸媽私底下發過誓，一定會完成高中或高職。大不了國中畢業以後按照爸媽的安排去臺南念書而已，或許也會有不一樣的路出現，雖然無法完成夢想，但我話都說出去了，教練也沒有挽回的想法，那我何必自己困擾自己。

不過就在我沒有去田徑隊的第二十天，我的田徑隊死黨把我拉去田徑場邊，所有田徑隊的人都在以外，校長教務主任總務主任跟教練也都在，就在大家的說服下，希望我可以原諒教練，希望我給他機會也給自己機會回去田徑隊，在大家的促成下我最後答應回去了。我答應回去的消息大家都很驚訝，但畢竟教練公開道歉，我沒有答應也太不識相了。

在這件事情過後一週，又要縣運了，但是幸好平常的練習還是有累積，所以我的成績也還不算太差。比賽來臨，我的部分個人組兩項一樣都拿冠軍，團體賽接力也是拿冠軍，所以一直到國三，只要我跟我死黨一起，我們都是全場的焦點。

有一次參加區運會，認識了很多人。鳳山柔道隊有些人會找我們出去，很熱情，有時候會把我們架走到她們床鋪上聊天。我看得出她們有的是同性戀，這在體育界其實不稀奇，但也不能公開，而且也因為她們是練柔道的所以大多數都剪男生頭，我看得出來她們有些人喜歡我。

一些朋友還有過度關心我的乾哥、乾姊跟死黨，都有男女朋友，都勸我眼光不要那麼高，但問題是他們都沒人知道我心裡的那個傷啊。誰可以救救我，不要拿男人來煩我嗎？我爸媽其實也很好奇因為我都沒有傳過緋聞，我爸媽問過我，但我跟他們說是一個他們這輩了都不會知道的原因。

區運會回來後，我們接到了鳳山柔道隊的邀請，十幾個人一起出去玩，其中一個叫雅婷的私下問我說如果她打電話給我，我會接她電話跟她聊天嗎？我沒有拒絕因為跟朋友聊天對我來說很正常，那次以後我們碰了六次面。因為常聊天，雅婷也開始跟我聊到她「老婆」的事，她果然是個同志，但我沒有因此排斥她。後來愈來愈熟，雅婷也會叫我當她老婆。我都以為她在開玩笑。據我所知，她有七個老婆，彼此會相互較勁，我都叫她小心點，這麼多個還想多一個到時候怎死的都不知道，且我也不想變成箭靶。如果真的要，妳得要休掉其他七個才行。

過了一週，雅婷問我有沒有空，說有事要我幫忙，所以我就跟爸媽說我要跟朋友外出，到了旗山以後，她幫我戴上安全帽，然後自己也戴上，發動機車要我上車，就這樣一路聊一邊聊一邊騎，結果我才感覺才沒多久，我人已被她載到鳳山了。雅婷拉我去一家茶飲店生意還不錯，人還滿多的，但我依然不懂她要幹什麼，結果她拉我到一群女生面前，然後露出她笑臉，對那群女生說：「這個就是我的現任，唯一的女友跟老婆。」

當我聽到後我整個人，如被雷劈到腦子突然當機空掉了。當我清醒過來、反應過來時，我們在一家ＭＴＶ了，我坐在旁邊抱著抱枕瞪著她，然後把東西丟向她、罵她居然敢誆我，我把她按在沙發上，坐在她肚子上，狠狠用抱枕打她，而她邊躲，邊說：「冤枉，是妳說過的，要妳當我老婆女友，除非我把前七個老婆通通解決了。而我剛剛就是帶妳去見我前七個老婆，也讓她們看看妳，妳就是我現在要的女友老婆。因她們說除非我親自帶妳到她們面前，那她們就相信我，我真的是只想要妳、而要放棄她們，大家好聚好散嘛。」

我更生氣還是又打又罵，因她有戴眼鏡，她趁空把自己眼鏡拔下來放到桌子上，然後反身將我壓到沙發上突然吻著我。而我當下又愣住了，完全反應不過來，腦袋一片空白。過一會她放開我，但我依然不知道怎麼反應，她出聲叫我，跟我說對不起，她不應該沒有經過我同意就吻我，我那一剎那才回想自己為何沒有推開她。居然沒有反抗還任由她吻。而也沒有排斥。那感覺很特別，我腦袋很混亂。後來她看我沒反應也沒開口說話，就又把我一把拉過去吻上了我。不知過了多久她才又放開我，我當時真的愣住不知道自己為何遇到她就沒有任何作為變得不像自己。

那一晚我失眠，腦海裡都是雅婷親吻我的景象，我不厭惡、不排斥，很陌生但是又有期待，就算是我死黨女性也沒這麼靠近過。誰可以告訴我這到底是怎樣一回事呢？最後我想清楚了，因為那件事所以我對異性一直保持距離，但我也慢慢長大，也會想要有人愛，所以我內心一直充滿恐懼跟拉扯，很害怕談戀愛。但因為她的大膽，我對愛情的渴望被牽引出來了，而因為她是同性的關係，讓我沒有這麼恐懼。但當我意識到她是同性，我也更慌張，第一是我真的可以嗎？第二是如果可以我們隔得那麼遠，可以維持多久？再來是她家人知道要怎辦？總之我腦袋很混亂，就想逃避，整整一週都在躲雅婷。

很快地來到週日，爸媽回來，媽媽說有人來找我，我起床後走出四合院，就看到雅婷來找我。媽媽問說這是我的新朋友嗎？在哪裡認識的？我一時都答不出來，只說她是鳳山人，學柔道，因為去臺北比賽認識的。她很有禮貌地說她今天是特地來找我，想要在我們家睡一晚不知道可以嗎？我傻眼，結果我媽反而說如果不嫌棄的話就留下來。我在心裡喊苦，媽卻叫我帶她去放東西。一進房間她就把我壓在床上狂吻，幾乎快不能呼吸。

她後來放開我，但身體壓著我，一直瞪著我，說自己不可能因為這樣就放棄我，叫我不可以再躲她。但我也火大了，問她說，妳只想著自己要，妳有問過我的意見嗎？結果她回我說，如果我對她沒感覺不可能讓她親，要我誠實面對。說這可能是我第一次談感情所以不知道該怎麼面對，她可以等我、教我，只求有一個機會。我回想起來，這一週內我雖然躲著她，但我其實也夢過她來找我，我是否應該給她也給自己一個機會？

我問雅婷確定嗎？遠距離感情很難維持，她回我說知道我沒有安全感但她會做到讓我完全信任她。但我還是很怕自己的陰影，不知道自己能不能接受她。此時她看穿我的猶豫，問我是否擔心家人知道？我問她為何非要我不可？她說自己在臺北看到我以後就想更接近我一點，希望我可以當她的心靈伴侶。過不久我爸回來了，叫我們出去吃早餐，我先去刷牙洗臉，回來時發現她跟我父母都有說有笑，爸爸甚至還對她說我的脾氣不好，要當我朋友要有心理準備。她很高興，覺得爸媽不反對我們交往。雅婷對我悉心照顧，送我當時很有名的巴布豆玩偶，取名為點點，表示留下我們之間點點滴滴的回憶。後來我在雅婷誘導下有一次先吻了她，我迷迷糊糊時，把我衣服一件一件脫下了，而她也脫下了自己的只剩下內褲。當我回神時，她已把我抱在懷裡。我想掙脫，她又抱得更緊。我們兩人都在適應，但那晚我們就真的只這樣抱在一起睡了，而之後更是如此，但我們也僅最多相擁睡覺，頂多摸對方身體但也僅一定部分。因為有肌膚之親所以我們感情更深了。

但就在這時候我聽到一個消息，就是大哥退伍了。而且是下個禮拜就回來了。但還好的是大哥雖退伍，但還是會住在臺南家，而且他也交了女朋友，這是我在心中較為可以安心的事。因心裡那個陰影可以安穩下來。但是有時候我還是會覺得很害怕，但是雅婷說到做到，她每個假日一放假只要沒有上課都會到我家，所以我的心才會一點一點淪陷下去。

雅婷曾經問我為什麼都沒有交男朋友，我有好幾次想對她說，可是只想在心口，我就說不出口。因為我害怕，害怕她要是知道原因，我們之間會不會變了而她又受得了嗎？所以我們每次在緊要關頭都停下來。

在我要升上國三之前，我大哥也要結婚了。因為雅婷，我也退出資優班，專練運動。國三訓練五項全能，比賽又拿了冠軍。但雅婷勸我國中畢業不要繼續練田徑、畢業後跟她一起練柔道、也不要上臺南接受我爸安排去讀書，因她真的不想再跟我分隔兩地，因我繼續練田徑，那我一定是進國立高農田徑隊，而繼而留在鄉下讀高中。而她也知道國立高農也已對我教練開出條件，如我和那個一、二百公尺冠軍的死黨二人畢業後進入它們高農田徑隊，學雜費全免，而每個月還有零用金，如比賽回來成績冠軍、亞軍、季軍全有優厚獎金再給，而所有運動用品全公家出資給予，條件真的開得很優厚。而如果田徑改練柔道，照我爸原本安排上臺南好好讀書，而我又人在臺南，她要找我又要兩地跑，而最疼愛我的大姊目前也在臺南，所以也是一大引誘我放棄走體育這條路而上臺南讀書。因我的家人都在臺南。而這她也要兩地跑，又要過著二人遠距離的感情生活。

但我也不可能要她練田徑因為教練身家都賭在她身上。但她覺得我雖然高中才改練柔道但一定會有好成績，因為我學習能力強。因為我們感情愈來愈深，相思真的很難受，而後來又有一次打架的事情，我跟雅婷說以後她氣到半死，要把我綁在她身邊，日子一天一天過我也要畢業了，最後真的拗不過她，只好答應跟她去練柔道。但我們有約法三章，如果我柔道真的不行我要回臺南念書、二就是跟她一起住可以但是我要付房租，三是不管兩個人怎麼吵架都不可以打對方，因為大姊夫喝醉酒會打大姊。二姊夫也有同樣的情況。

有一次連假，大哥大嫂要回宜蘭，問我們要不要一起去，而我們也都跟著去了，玩了三天才回來，而回來時因還有兩天，所以我想說和雅婷騎機車回高雄老家陪奶奶，結果哪知道回鳳山時因為一邊騎一邊嬉鬧，撞到前面停紅綠燈的轎車，因衝擊力大而她又緊張催油門，我從背後飛了出去，因原本我們只是例行公事戴安全帽沒有真的扣緊，安全帽飛出去，她的臉被眼鏡割傷，但我可慘了我的腦袋撞壞了，腦壓升高一直降不下來，甚至發出病危通知，後來是會茅山術的外公做法，我的腦壓才降下來，也被帶回高雄照顧。

康復後繼續練柔道，但是雅婷的笑容變少，因為車禍時她的臉被割傷，她覺得自己不好看了不帥了，加上我的柔道進步，雅婷也有競爭心態，然後又有人喜歡上我，雅婷要求我跟對方保持距離，但因為是同社團總會遇到。我跟雅婷的關係一直沒有公開，因為柔道很重形象，雖然大家都看得出來，那個追求我的人也基於這一點故意去找我，後來我跟雅婷就發生衝突。雅婷喝酒後跟我吵架，要求我跟對方都不要打招呼，後來雅婷動手打我，兩人就打架了。

我覺得自己為了雅婷放棄原本的路，她卻這麼不相信我，並且還犯下我所介意的事，兩人的關係好像就要結束了。後來雅婷酒醒，知道自己做錯事，當時我已經把東西都整理好了，但還在猶豫是否要給雅婷一次機會。後來我原諒她，但不久後又發生第二次，我默默等待第三次，發生第三次時，決定要轉學。

寒假前，爸爸來替我辦轉學，大家都嚇到了。雅婷在教室拉著我的手問為何要轉學，我只回她妳應該比誰都清楚就走了。雅婷拉住我跟我道歉，希望我原諒她，但我只是甩開了雅婷的手，跟爸爸回到臺南。

父親的死亡

回到臺南以後，我跟已經結婚的大哥、大嫂還有爸爸媽媽住在一起。一邊讀書一邊打工，因為轉學有一筆學費，不想讓爸爸再有負擔，我從日商轉至夜校，念慈幼高商。這是一家天主教學校。我去打工還有一個原因，因為我要付房租，爸爸很生氣，說這就是我家、付什麼房租，但是哥哥堅持，他說因為房子還有貸款、還有水電費，所以我每個月要給哥哥五千元。

我在一間塑膠射出廠工作，因為不滿十八歲所以只能當工讀生，但如果沒請假，一個月可以有兩萬元收入。這期間雅婷有北上來找我，但我沒有回頭，只是雅婷北上有時晚了還是會讓她留宿。可能因為是轉校生，所以我比較自閉，而且後來大姊夫生意失敗，所以大姊就跟著大姊夫回屏東，更沒有人跟我說話。我也是這時候開始學會抽菸。一開始一天一兩支，後來愈抽愈多。這時候家裡開始一連串問題，奶奶在浴室跌倒，發現是中風，再也沒辦法自理，我們決定要把奶奶送到奇美的安養中心。

有一天我在工作的時候，手指頭被塑膠射出的工具弄傷，原本以為沒有大礙，結果滿嚴重的，回家以後哥哥要我請假去看醫生，就在當天晚上，奶奶過世了。我們全家趕回屏東，辦理土葬。那時候我常想，無常無常還真是無常！不到一年我的人生又翻轉了二次了，而我接下來會如何呢？而我進入慈幼工商下半年第一次段考沒有進入前三名，因或許沒把功課放在心上，只是第二次段考我又第一名了。爸爸很高興，問我要什麼禮物，我跟爸爸要了 臺中日英翻譯機，後來我的成績跟考試也都考得不錯，爸爸一直有給我獎勵、給我錢，但哥可很反對，因哥哥忌妒了，覺得爸爸把我寵壞。覺得他們讀書的時候要什麼為什麼都沒有。

爸爸回他說你有本事讀你一樣要什麼我都買給你，結果哥哥氣極了就上前打了我一巴掌，爸爸看到以後也去打了哥哥，還要哥哥罰跪。我跟哥哥的衝突又增加。其實那時候我給哥哥的錢已經不止五千塊，因為電費漲了，哥哥就多跟我要房租，我每個月要給哥哥七千元，但我沒有跟爸爸說，只是爸爸後來還是知道了，因他看到哥哥跟我多收錢，我跟哥哥的爭執愈來愈深，幾乎都沒有講話，而就在我升上高二時，爸爸因為碰到困難，一邊又煩惱我學費，錢慢慢不夠用。而也恰巧，我夢到爺爺來找我，跟我借一百元，說要簽一隻牌，六合彩，且是單一個號碼。那個時候二姊剛好要生第二胎，大家都在為錢傷腦筋，那時候爸爸也有在玩六合彩，但都是小賭，因為運氣不好老是輸。我看到了以後就覺得可以試試看，因為工廠裡的大家都在玩六合彩，我就去工廠拜託裡面的婆婆阿姨教我怎樣玩。

當時我先玩一個台號八十五元的，工廠老闆的兒子是組頭，所以我就請組頭幫我下單，大家都很疑惑我一個年輕女生為什麼要玩六合彩，我沒有解釋太多，只說隔天要請假去姊姊小孩的滿月酒，到時候會打電話給組頭，再請他下單。那個時候我稍微計算了一下，如果還要負責我自己的學費，可能要玩一百多支，所以一直到下單前我都還在猶豫，後來我真的下單一百多支，這麼多組頭有嚇到問我是否確定？我說確定你就幫我下就對了。他真的就下單，當天剛好開雙支，也就是中了的話翻倍，當天因為很多人跟著我下，大家都賭贏了，所以大家也有包紅包給我。那天媽媽跟哥哥也有請我一起下單，後來我把錢都存在郵局。

我升高二時，公司要搬到馬來西亞，所以我必須要重新找工作，因為之前有中獎的錢，所以生活暫時不成問題。當時我去買了一臺機車，因為這件事我又跟哥哥起衝突。其實之前中獎的事也是，那時候我因為贏很多錢本來要包給每個人五千元紅包但是被爸爸阻止。

不過開學以後班上有新的轉學生，我因為有新朋友就比較不自閉，這個時候我也找到了新工作，是一個助理工作，一個月兩萬四。我在這邊碰到了堂姊，工作前三天很輕鬆，搞不太懂到底是什麼工作內容，後來才知道這是一家詐騙公司。老闆跟我們說，想留就留，不想走就走，我跟堂姊考慮一下以後都決定留下來，因為這項工作可以選擇月薪或是抽成，我們都決定抽成，每人抽公司當日收入總金額的百分之三，這樣算下來都比月薪還要多，因為這樣我的高中生活比較沒問題。

這時候，雅婷的表妹邀請我去澎湖玩，雖然跟雅婷分手了但我跟其他人還是朋友，所以我請假一週。雅婷的表妹叫淑惠，去澎湖的時候，淑惠的哥哥托她買了一條金手鍊，晚上喝酒時，就說手鍊要送給我。我覺得很訝異，她說這是表哥要追求我的見面禮。淑惠說哥哥在初次見面時就喜歡上我，但是哥哥當時有女友所以沒有追求我，直到他跟女朋友分手了四個多月，才提出追求。淑惠哥哥會分手是因為他的女友劈腿，不過我沒辦法接受，就退回金手鍊。誰知道淑惠哥哥那天喝醉去廁所癱著，說他第一次被女生拒絕覺得很丟臉，大家就要我去勸他，我去廁所勸，淑惠哥哥這時候藉機要我收下金手鍊，我為了讓淑惠哥哥快回家，就先收下，但說考慮看看。

後來我有思考要不要跟淑惠哥哥交往，但顧慮雅婷，而且我也不確定自己是不是可以跟異性交往，因那就是會有親密接觸，甚至性行為。那時候我想提早回臺灣，可是淑惠不想讓我回來，淑惠哥哥也利用我跟淑惠的友誼一直進逼。後來，淑惠哥哥的前女友知道他在追求我，就跑來鬧事，打架以後，淑惠哥哥跟我都受傷了，我爸媽很生氣，但因為大家一直道歉，爸爸才答應讓我在澎湖休養，也因此我在澎湖多留了幾天，所以禮貌上去看一下淑惠二哥並不過分，去他房間後我們坐著聊天，但淑惠她們後來全跑了，而我也緊張起來，結果淑惠的哥哥一把把我拉向他，而吻起來但我有推拒，但最後為什麼卻發生了不該發生的事了，而也因此順理成章地交往了。

後來我們交往大概三個月，他竟然提結婚的事了而且還說要拜訪我爸媽。但我早跟他談過我高中還沒畢業我爸不可能答應。我們依舊遠距離戀愛。這時候我大姊要從屏東搬回臺南，因為大姊夫工作不順利，大姊夫家的經濟需求又很高，每月要花十幾萬，短短半年間，大姊的積蓄已經全部要用完。大姊想要繼續在臺南開美容美體的行業，我決定要資助大姊。大姊在臺南找了一間五層樓的店面，生意還不錯，可是這時候我跟哥哥的衝突也愈來愈高。

有一次我跟爸爸回高雄，爸爸問我說現在有男友了，高中畢業還要繼續念書嗎？我說對，我想要念臺大法律系，爸爸說只要我考得進去，生活費會全部都資助我，因為這件事，爸爸對哥哥說，他要重新分配財產，所以哥哥很不高興。而我也不知道老天是在跟我開玩笑嗎？就在兩天過後，爸爸就在工廠發生了意外身亡了。當時工廠老闆本來答應要賠錢、叫我們不要鬧大，誰知道一個月多之中，我爸公司的老闆不見了，也找不到人了，而後來才知道他拿公司跟銀行貸款很多錢，也就是有預謀要掏空公司，然後出國不回來。老闆名下已經沒有任何財產只剩出事跟銀行貸款不少的破工廠，也因爸的死我整個人生也起了大轉變。

十七歲，分裂與分家

爸爸過世後因為有保險，遺留了上千萬，可是媽媽重男輕女，把所有的財產都歸在哥哥名下。但在我們的角度，我大哥大嫂一定不會孝順我媽媽，所以我大姊曾經要替我媽爭取一筆錢在身上，不用看人臉色，但反過來我媽認為我大姊是要跟我哥哥搶，所以我大姊也從此不理我媽的事。而我一直在想一個人的一生死後到底留下什麼，我對這個家抱持已久的一個夢想，也因爸的過世澈底瓦解了，因我再也不可能擁有一個懂事以來，就渴望有一個完整的家的夢想。而也因爸的過世我本來要搬出去，但我哥不同意，媽也不准，所以我只好繼續住在仁德，但我也沒心讀書了。是我大姊說要我完成爸爸的心願我才決定完成學業的。

一開始爸過世本來還好，後來分完財產以後，哥哥跟嫂嫂開始對媽媽很不好，後來經過我們姊妹爭取，哥哥才答應要留十萬塊現金在母親戶頭。因為哥哥都沒有給媽媽錢，所以媽媽後來外出工作，但是媽媽相對的卻每個月要給哥哥錢，給一萬五千元。而我哥哥的說法是怕母親被騙，我媽媽也慢慢知道這個兒子不可靠，但我媽不是我爸，她拿我哥沒辦法。我後來就早出晚歸不回家。在詐騙公司下班後就去玩。

有一次上課我接到媽媽打給我，她說自己已經準備好棺材，我很生氣，因為整個教室都聽到，但又不是我不孝為何講得好像我忤逆她。我離開教室回家問我媽為何要這樣，爸爸死後有想過自己還有一個在讀書的女兒嗎？要替她爭取還抱怨大姊，現在反過來要看哥哥臉色過日子。而我哥也惱羞成怒，站起來要打我，我擋了下來問他我有說錯嗎？哥哥說他長兄如父，我回嗆哥哥說：「你養過我嗎？你教育過我？你幫我付過學費嗎？反而是我還要給你一個月七千元房租！我已經不是半年前那個失去爸爸的我了！要不是媽媽我早叫人修理你了。」

我跟哥哥攤牌後他有比較收斂。又有一次，媽媽說要買機車，她跟哥哥要錢，結果哥哥說媽媽寄放在他那邊的錢他用掉了。後來媽媽是去跟老闆借錢才買到新機車，誰知道買了以後大嫂說要跟媽媽換，被我擋下來，那時候我威脅要告哥哥遺棄，哥哥才又收斂。後來媽媽認識了一個在學甲的小學當工友的人，沒有很有錢但對我媽很好，兩人開始交往。

爸爸死後沒多久哥哥已經把房貸都清完了，可以說完全沒有負債，可是才短短半年，他就把爸爸留下來的錢花光了，而且也欠下一大筆六合彩的錢，所以他們兩夫妻老是吵架，哥哥還會打我大嫂，但是這一切都跟我無關，我媽媽也無能為力，放任他們兩個人去吵，因為媽媽也對我大哥很失望了。哥哥希望我媽可以找有錢一點的交往，我覺得那不是重點，又跟我哥大吵一次，我大嫂也加入，我砸破酒瓶警告他們，我大姊也是，那時我就對我大嫂澈底失望了。

而那晚哥卻來敲我房門，他突然用布摀住我嘴巴，而後我就失去意識了。當我醒來的時候，才又發現發生了什麼事，這個畜生居然用這種方式對我，但我又沒有辦法反抗，事情也發生了，然後這個畜生去上班了，我洗完澡以後，收拾了幾套衣服就跑去了大姊那邊，跟大姊說我想要來她這邊住幾天，但對敏感的大姊來說，我一定有事情。所以第二天我上班回到大姊的店的時候，大姊就命令我今天晚上不可以出去玩，等她做完事情以後她有事情要跟我說。我心裡就忐忑不安起來，因為我知道在我大姊面前我是沒有辦法說謊的，但是我可以把這件事情講出來嗎？如果大姊知道了以她的個性絕對會找我哥哥算帳，可是如果這件事情讓我媽知道了她一定會受不了，而且我媽也奈何不了我哥，如果她沒有辦法接受，出了什麼事，我不就成了害死我媽的凶手嗎？媽媽那個傳統女性的個性，是絕對沒有辦法接受的，所以我一直處在不安之中，等到大姊收完店以後，洗完澡她就真的來找我談。

這次我覺得我逃不過大姊的追問，所以坦白地跟大姊說，為何我國中都不交男朋友的原因，而我因為有了澎湖的男友，所以也不知道如何面對，也是在這個時候，我大姊才跟我說，我二姊也被我大哥性侵過，大姊想要我哥付出代價，但我覺得這不是光榮的事，知道了又可以拿他怎樣，我跟大姊說請她跟媽媽說要我搬過去，我知道哥哥會阻撓，但我想到方式對付他，我動用公司資源，把哥哥拖出來打一頓，且淩遲他的下體並且拍下照片，反正他已經生了三個，並且放出風聲說他是因為去玩女人被發現才這樣，要哥哥承擔下來，也讓他清楚知道我說要讓他受到嚴重警告不是開玩笑的，如果他不肯，就會散布那些照片。

我做這些事時姊姊都在場。我覺得自己會這麼狠是因為要代替媽媽教訓哥哥，其次是要他無能，三是要哥哥知道小時候自己無力反抗但長大後已經不是那樣了。後來我搬走去住姊姊家，但躲著男朋友，姊姊要我面對，但不需要把事情真相告訴對方。就在這時候，家裡又有經濟需求，二姊想開檳榔攤但沒有錢，大姊有點反對因為二姊沒有經驗，當時二姊想把檳榔攤開在大姊店前，那在文資路，附近正在發展有很多工地，大姊說她以前回屏東時有開過檳榔攤，所以後來還是讓二姊開了，資金是我幫二姊出的，由大姊教二姊怎樣處理跟經營，這也是我們三姊妹第一次住在一起。

但有一次我下課回來，看見二姊夫的車，有個不像二姊的女人上了車，直覺告訴我不對，所以接下來幾天我都提早回家，發現二姊夫帶著那個女人上汽車旅館開房間，而那女的是大姊店裡的師傅，所以大姊很生氣要找女師傅算帳，但被我攔下來，因為如果讓二姊知道姊夫偷吃窩邊草，應該會受不了，所以我叫大姊勸那個女師傅，但那女師傅沒有要放棄交往，所以後來二姊也知道了，兩人大吵，二姊夫動手打二姊，事情鬧很大，所以我們有跟媽媽跟哥哥問看要怎樣處理。

隔天一早女師傅來，我動手打了女師傅，威脅要告她通姦並且把她辭退。事後二姊跟二姊夫沒離婚，但那女師傅還是會挑撥，所以二姊夫常常喝酒後就打二姊，我們要姊夫決定到底要誰，如果要跟小三那就離婚。那天我不用上課，想陪姊姊一起去，大姊說不用，但我直覺不對，所以叫一個學徒跟著大姊去，果然我們家人一到二姊夫家，二姊夫就派了埋伏的人打我們林家的人，我知道以後就打電話跟老闆揩人，帶了二十個人到現場。

那時候大哥大姊倒在地上流血，並且有警察在旁邊，警察卻說清官難斷家務事，我就質問他們是哪個派出所，並且去找二姊夫算帳。二姊夫的爸媽勸我不要再打了，我回嘴問他們那我家人被打你有叫停嗎？警察來勸我也回嗆這是家務事，等律師來再處理你們。誰知道事情過後，二姊居然不想離婚，只有大姊要告二姊夫傷害，因為被打以後大姊脊椎受傷，無法再做美容美體，所以店就收了，另外在臺南永康找了一間兩房一廳的房子住下來。大姊夫要大姊回屏東養傷。我後來利用老闆人脈找上那個女師傅，到家裡打對方，對方後來還拿了一筆錢，共兩百萬，我給當初幫忙的一些人各三十萬，其他錢分筆匯給大姊，然後回屏東一趟把畢業證書燒給爸爸，了卻心願。

燒掉畢業證書以後，我就不想再跟家人有太多瓜葛。我很專心做詐騙，每天抽成收入可以有八、九萬塊，那時候我每個禮拜都會飛澎湖，可是心裡很累，覺得為何都是我去澎湖不是對方來找我，我們會吵架，淑惠二哥就要我嫁給他，可是我不願意，後來幾次打電話，都發現對方身邊有女生聲音。而也是那時候淑惠才跟我說他前女友又去找他，那時候我決定分手，卻發現自己懷孕了。他來挽回，我不願意，因為覺得自己無法在漁村生活，最後我也墮胎了，大姊是之後才知道。

其實詐騙公司的老闆有一直跟我們說，這一行賺錢容易存下來難，但是我們每天現領現金，大家都沒有很聽進去。但後來我還是離開了詐騙業，離開後天天在茶館跟三皇三家或是海邊打混，我也在這時候開始會喝酒，而且是天天醉的，練就了一身酒藝，可說是醉生夢死。因當時不缺錢，然後在澎湖的好友彩雲要結婚了，所以我去參加好友婚禮。本來要玩多天，後來提前回家，隔天睡到一半有人按門鈴，打開門發現是大姊。大姊穿得很單薄，劈頭就是說要離婚，問了大姊以後才知道，婚後姊夫對大姊都是用強的方式。她之前回屏東養傷，一開始因為還有錢給姊夫家裡用，所以婆婆對她還好，但沒錢以後又開始起手動腳，每天都要打掃家裡，姊姊婆家在村莊是苛刻出名的，大姊又生下早產兒，所以一開始花了不少錢，姊姊小孩剛出生時，因為爸爸還在，但爸爸過世以後就都變了，沒有顧忌。

大姊來找我的時候身上只有六千元。她問我可以收留她嗎？我說那當然。我就整理好另外一間房間讓大姊睡，替她熱牛奶並放了一顆安眠藥。藥物是平常我就在吃的，因為我有睡眠障礙，不吃睡不著。姊姊醒來以後，我就說自己有買車了，就開車帶姊姊去添購生活用品，並且找一位陳律師協助姊姊離婚。那時候大姊夫帶著媽媽跟哥哥來找姊姊，我都唬弄過去，但幾天後姊夫確定姊姊在我這裡，我只說無論如何我都要挺大姊，但媽媽與哥哥都覺得離婚很丟人。

以前因為爸爸聰明有才情，所以有過兩段婚外情。回想起來，很佩服我媽媽為何能夠忍受爸爸的風流。父親是大剌剌地將女人帶回工作宿舍，三人一房，另一個女人還幫忙工作、煮飯、打掃家務，難以理解這是怎樣的胸襟跟心情下去容忍。但忍到最終也會到極限、有反撲。我媽也有受不了的時候，有幾次拿東西揮打他、回擊我父親，最後我父親才意識到女性反撲的力量。不過，我媽還是傳統，沒有想過離婚，畢竟有小孩，還是要以家庭為重。逐漸地我父親也才意識到自己不能繼續這樣，才斷掉婚外情，和我母親同心協力努力工作養家。

但我大姊已經決心要離婚而且二姊夫之事後，我和我哥我媽也較沒交集，除非必要否則我連仁德的家都不想踏入，我問他們憑什麼要我交出大姊，妳是她媽又怎樣，她還是有自己的意願，所以我交代警衛以後這些訪客都不能進來。我跟陳律師商量的時候想到姊姊有去醫院驗傷，應該可以當作離婚的條件，但是姊夫家境比較好，扶養權可能比較困難，但我們決定至少先離婚再說。但也因如此，我媽我哥對我大姊非常不諒解，甚至因此跟我倆斷絕母女關係。

大姊離婚二個月以後決定要去ＫＴＶ上班自立自強，而我那時候常去她店裡玩，再多錢也有用盡的一天，大姊後來混出個名堂但她依然不會喝酒，也不出賣自己的，就靠她手腕擁有幾個固定捧她的客人，我跟堂姊小如也慢慢把錢花光，所以後來也聽姊姊的話去ＫＴＶ工作。而也因為我們比姊姊年輕又會喝酒，很快成為店的八番。而也因為我們長得不錯，酒又會喝，但我們也賣酒不賣身，有陪酒，我們根本不用做到那樣子，每天光公司排的番就跑到腿軟，還需要犧牲嗎？

有一天，我接到哥哥來電，哥哥說媽媽送醫、情況不好，要我們姊妹回去，但大姊不肯，我就勸大姊說，都已經跟媽媽吵架兩年多了，哥哥來電表示媽媽狀況可能真的不太好，難道要後悔一輩子嗎？所以我們兩人在隔天上班前去看媽媽，媽媽看到我們很驚訝，我們大概探望媽媽一小時左右就離開。

媽媽有三高，血糖、血壓長期不穩，因為我有客人跟奇美醫院院長不錯，所以我就拜託他多照顧，一週以後媽媽狀況控制下來，但哥哥跟媽媽開始叨念需要醫藥費，一個多月後媽媽要出院，我跟大姊有準備醫藥費但沒跟哥哥說，想看哥哥怎麼做，誰知道哥哥要工友叔叔付錢，大姊又跟大哥爭吵。我想說算了，就要去付掉，到櫃檯後卻發現已經被結清，我去問是誰，才知道是一位想包養我的吳姓客人，後來我請他一攤酒解決了這問題。而那之後我們和我媽才又有聯絡。而我人生也自接下來這個男人改變了。

那個男人

有一天我們公司生意不太好，但我和大姊還有小如還是有自己的客人捧場，而公司卻有一間客人特別奧客，那個客人不會逼人喝酒，但喜歡找人玩骰子，輸了要人家脫一件衣服，如他輸了則輸兩百元。笑死人他以為他是誰，我們雖是上班小姐，但我們也有我們自由權好嗎？而且他很沒品，人家不玩他就叫人家出去給人幹，而也因為他的奧客把全部小姐全打槍了，我看到小電視打我名字要我進去那間訪客，而我也真進去了，而是一個年輕客人，身高大概一八幾，長得還不錯，但就是大爺樣，有夠跩的，但他可踢到鐵板了，因我對這種很有一套，大不了不坐他檯。

自我介紹後我請問他如何稱呼，他則回我他叫大餅。而我就問他想玩什麼，他說要玩脫衣，我拒絕，他提高到一千元我還是不玩。他回我只要我不切檯就放開我，但我目前還有三檯不可能不轉，每一檯至少要半小時。他沒說什麼就讓我走了。而我其他番因為時間晚了陸續買單，最後只剩他，而我因為跟他沒話聊，而我看他其他朋友跟小姐玩十八骰仔，問他敢跟我玩嗎？輸的打屁股，結果他整晚輸到底，被我打到屁股要開花了。結果一玩玩到要打烊了，他則說晚上還會來。晚上他來了帶食物給我吃，而後經理進來他說要買我的檯到底，我說這是在為難我，起身就走出包廂。但那天我下班時會計算給我的錢不對，因太多了，他才說是那番客人把我時間買到底，而又另外拿三萬塊給我，大姊要我把錢留在會計等客人來還他，大姊要我小心，因這種場合這樣的客人難控制，我說我以後不會坐他的檯。

但出乎意外的是他還是來，一樣買我檯，我沒去，他一直來大概連續十幾天，經理說這個人擺明要追妳，就是要妳出面，妳就看怎樣跟他說清楚否則公司也困擾。我問他到底要怎樣，他說只要妳把我當朋友這麼簡單。而他也真有耐性，每天都到店裡開番找我，但不管我怎樣跑番他也不生氣，但有天他突然問我，到底要怎樣才會答應當他女朋友，而我則開出條件，如他有辦法每天一個人到公司陪我上班，下班各自回去，不叫小姐、不吃檳榔只能喝酒唱歌，連續一個月，我就考慮。且有基本條件，年紀不能比我小、不吃檳榔、喝酒有節制、如其中一個不符合只有分手一條路。

結果他全符合了，但還是在觀察期，而我也才介紹他給大姊認識，而在觀察期間發生一件事，就是雅婷開車撞到人且無照，人家看準她無照要賠八十萬，但她沒有那麼多錢所以打給我，但我無法幫她，所以她一直用人情逼我，我想不開，吃安眠藥自殺，還好我姊發現得早，但因她晚上要上班無法照顧我，所以我姊也不知道哪根筋不對，竟然要大餅來照顧我，而也因為這件事我才當他女朋友。因他算君子，沒在照顧我時對我做不該做的事。而大姊也認為可以交往看看，他也跟酒肉朋友翻了臉而要搬出來，所以我就叫他搬來跟我一起住。

兩個月我們都只同床睡，而又過了一個月他才抱著我睡，而我又再次被他感動，才暗示他可以碰我，而他高興得像小孩子一樣，但他中看不中用，我們的第一次大概才一分鐘就結束了。而我依然有上班，而他有時會來店裡找我，我也才知道他的酒肉朋友是在做賭博性電玩，一半經營賭場。後來他給我看他的郵局存摺，每天都有人匯給他二、三萬，我問他是誰，他說是媽媽，而他才把所有事都告訴我，因他爸爸只要喝酒就會打他媽媽，而他跟爸爸起衝突還拿過刀子互砍，所以他媽媽怕他出事，他又是一個羽球選手，所以他媽媽才拜託教練安排他到遠處繼續讀書打羽球。所以他教練安排他到臺南高商，只是他自己二年級愛玩，才不練羽球才辦了休學。才在撞球店認識了酒肉朋友。之後又轉入賭場賭博，支出跟收入無法打平，才需要他媽媽支援。

而和他交往後他就不喜歡我去上班，而我也上得有點累，三天打魚兩天晒網，但就在有一次我們去新市開車回來路上發生車禍，而我的車也毀了，但還有貸款，如要修車要四十幾萬，後來是我媽有一筆郵政壽險剛好到期，我媽知道我在頭痛車的事所以把五十萬給了我，但我哥不高興，我媽說那算是給我的嫁妝，但我大哥認為那是他的，所以逼我簽了一張五十萬本票。

後來我們又貸款買車，而大餅要當兵，但他又不要我去上班，那時我大姊有告訴他，那你就要有辦法負擔她所有開支，而他也答應我姊說一切他都會負責，而他也依然都是靠媽媽匯錢給他。而有一次他帶我回埔里，我很好奇什麼是臭豆腐批發，我是他第一個帶回去給外公外婆看的，而他外公外婆都好高興，不像他爺爺姑姑那邊，狗眼看人低。但我觀察他家雖在埔里是有名的臭豆腐，但說有錢也不見得，因他爸媽住的房子一半是做臭豆腐的地方，且房子也有貸款，據他說大概四、五百萬，而他媽怎麼有辦法匯錢給他，我也不知道。但也因為回去我發現他騙我，年紀比我小。但對他也是有感情了，所以我原諒了他。

而他占有欲強、醋桶大，會干涉我跟朋友往來，所以漸漸我朋友也不跟我來往，我也要他找工作但他不要，成天只在家玩天堂遊戲，他說那也是可以賺錢的，雖我也跟他賣過天幣，但那不成比例，因他買遊戲的錢比他賣出去的天幣根本划不來。但他總回我，不會讓我餓到。我知道不是長久之計，我大姊跟我談過很多次，他就是聽不進去，後來因我姊跟他男友有一棟公寓，我們搬過去，那時我姊很氣大餅，勸我想一想這樣的男人可靠嗎？但他確實對我很好，只要我高興什麼都好。後來他接到兵單，但他卻出一個難題給我，要我去跟他公證結婚，怕我在他當兵跑掉，但對我說我們只交往一年多，但他威脅我說不結婚他就不去當兵，他還真不打算回去而他家人也催他好幾次，而我為了保障我自己開了無人做的先例，我要求律師幫我寫兩份離婚證書，內容很簡單，就是只要婚後他有外遇、動手打我，那他要無條件跟我離婚。且小孩無論男女監護權探視權扶養權都歸我。且每個月還要五萬扶養費用，而這份離婚協議書永久有效期限，而我們也在九十二年一月七日登記結婚。

二十二歲，我進入劉家

大餅在當兵前三天回埔里，而也因這樣他爺爺更認為是我這麼慢讓他回去的，因他爺爺姑姑不喜歡我，因認為我配不上他，但我好奇的是他跟他外公外婆那邊比較親，和他爺爺這邊比較不親，也對姑姑説話很不客氣，但這一切跟我無關。因要跟我相處的是他，且他爸他媽也對他爺爺這邊很冷淡。雖我已跟他公證了，但依我對他了解他也好像沒有太大意願回他家接事業。因他家事業是一種傳統做法的辛苦行業，所以他家在埔里劉家臭豆腐生存七、八十年不是沒有道理，因現代的東西太多機器活，反而讓傳統的東西失去原有味道。而我也從他那裡知道有很多臭豆腐比他家便宜但就是無法打進埔里這一塊。但也就我説的我只是為了讓他當兵所以結婚，因我們才交往一年多，如果以後他有別的女人我是無法接受我的婚姻有第三者的，二是他爸爸都會喝酒打他媽媽，我又看過我身邊那麼多會打老婆的，而為了離婚鬧得天翻地覆的，所以我才不想將來我自己也陷入這兩種境地。

而後來他抽到海軍，本要在基隆，後來在大哥幫忙下調到左營。他家人也很感謝，他爸爸看起來很嚴肅，但他媽媽很好親近，我們請客花了五、六萬，而他所有開銷還是從他媽那邊來的，而他一個月月薪也才八千多。原本以為他當兵我可以喘口氣，哪知道他調回來變成艦長傳令兵，每天只要應付艦長，根本是一個涼缺好嗎！他因此假好多，所以我每個禮拜都載他回臺南，而花費也因此比較凶，每個月除了房租水電、車子貸款，之前他媽匯錢給他我有存了一些，但大概半年我替他存的那些跟他月薪八千也快不夠了。我說我去找工作他不肯，他卻想了一個辦法，跟他媽說他當兵前替人擔保，擔保人跑了而找上他要還錢，結果一口氣騙他媽媽要八十幾萬。而他也找上他之前專門做假資料的人做了一份擔保資料。他媽媽怕他當兵要是那些人找上軍營，可能要判軍法，所以她媽還是湊齊八十幾萬匯入他郵局戶口。

他媽媽要我不可以讓他爸爸知道，而我非常內疚。而之後他媽媽才跟我說那些錢是跟外公借的，我也才知道一直以來他媽媽給他的錢都是用她嫁妝跟朋友抵押。知道以後我真的好後悔認識他原來他錢是這樣來的。很快他當兵結束，一樣迷戀天堂，但他更想把天堂當職業，但錢也不是花不完的，而他也發了幾次脾氣說我都不支持他，而我也因為被他氣到做了糊塗事，我居然回我大哥家把家裡值錢東西都偷個精光，變成現金，而讓他去買了四臺電腦。而大哥報警處理，我有做好心理準備早晚會知道是我做的，大哥說他早知道，如果我有回來反省他就不報警。大哥大嫂跟媽媽則是不明白我為什麼會犯下糊塗事。而我也坦白跟他們說是因為大餅不讓我工作。

哥哥他們要我讓大餅知道，他要給我一個交代，而他不去工作也不讓我工作，而那八十幾萬也花完了，最後這件事他知道，而他也不知道說什麼，我媽警告他如果再發生一次就離婚吧。但他死都不肯離婚，他用離婚協議書堵我，說他沒有女人也沒有打我，但我跟他說再這樣不是辦法，他說他會想辦法，而也因為對我哥做出這種事，我也簽了二十萬的本票給我哥，就算我欠他的，但我哥要大餅來簽，而他也沒有異議，這件事就過了，但在我心中是一個疤痕。

後來我懷孕了，但子宮外孕而要切除輸卵管，他很失望，因他一直想要用小孩綁住我，因自從我跟他提過離婚以後他就一直害怕我要跟他離婚，而在他當完兵以後，他家人想要他回家接事業，可是他不肯，而他爸爸身體不好了，肝硬化了，臭豆腐是粗重的工作，而我也知他不回去一半是因為我，一半是跟爸爸有隔閡，但他爺爺認為一切都是因為我，而也因為我們在想經濟要怎樣回穩。有一次回埔里他遇到一個朋友也是埔里人，聊完以後知道那個朋友在高雄做六合彩的組頭，而他們有交換電話，而我們回臺南後有去高雄找那個朋友，而也探聽怎樣可以賺錢，而他朋友說最快的方式就是玩六合彩。而他玩法我有一點看不懂，因他去買了很多六合彩本子單子回來，又買了很多種顏色的螢光筆，而回去後就看他在買的那些六合彩的單子上面，用各種不同顏色畫出很多張，有各種不同的數據出來，我看到眼睛都花掉了。那些不同顏色代表什麼意思？我其實不是很了解，但是他開始在他朋友那邊下注了，而且每一期都有贏錢。有時候多有時候少，但是最少也都有三、四千塊，他都是贏錢的，我們生活也真的紓困了，而他就把它當職業賭在研究。

有一天他媽媽打電話來說他爸身體沒有辦法再做了，要他回去，要我幫忙勸，我就跟他說反正你這個六合彩到哪邊都可以下注，你回去幫忙又不影響，最後他被我說動答應要回去幫忙，但條件就是我要跟他回去，而我大姊反對，說我們都還沒有正式結婚就去他家別人怎麼想，但他個性就是黏我這麼緊，所以我就安撫我姊，說等他爸好一點我們就會回來。大姊也千交代萬交代如果受到委屈就回來不要待在那裡。

回埔里以後我才真正明白，他們家傳統製作臭豆腐的過程真的很傳統，因全都要人力，又熱又燙，那鍋煮豆漿的至少有上千度，而因他們又是原住宅改變廚房一部分來工作的，所以由一樓通往三樓上頂端開了一個通風口，可是太高了，所以熱氣根本流不出去，難怪他們整棟房子在工作的時候都像火爐一樣，所以他跟我講過他不想要接他們家的事業，原來這個從小被寵著的人根本就吃不了這種苦，要他當一輩子的工作，他會要才怪，所以他繼續每三天都玩六合彩，而也一樣照贏錢。

他爸爸休養了大概四個多月身體狀況比較穩定，結果他爸又開始喝酒了，但他爸根本就不適合喝酒因為肝硬化，每次喝完酒以後他就大吵大鬧，說實在那個時候我看他爸爸那個樣子我實在很害怕，因為他爸比他還要有占有欲，他媽媽如果去送貨晚回來一點就會懷疑他媽媽是不是跟別的男人約會，那晚只要酒喝下去，他媽媽就糟了，所以他才又看不下去，又跟爸爸起了衝突，而他爸爸身體因為比較好比較有力氣，兩父子又打架了，而他媽媽就像被當成沙包一樣，他妹妹就躲到房間去，那時候我深深感受到他媽跟他妹在這個家庭的困苦，可是她們又可以怎麼樣呢，他媽媽就跟我媽媽一樣是一個傳統的女性，嫁到了就認了，而為了他跟他妹妹，他媽媽都把所有的苦吞進肚子裡面去，這一切他外公外婆舅舅都知道，但因他爸有精神疾病在身，所以有時候也沒有辦法控制自己，何況又有喝酒。

第一次起衝突，我還有辦法説服他，但後來又發生第二次第三次，所以我們就收好行李回臺南，他也依然繼續玩他的六合彩，但那時我們的經濟比較好平穩了，雖他靠六合彩贏來的錢，可是至少我們不用因為生活問題煩惱。而我也又懷孕了，而這一胎連我都想留，所以他很高興，也把我照顧得很好，我們很期待這一胎，但天不從人願，就在兩個月那次產檢的時候醫生跟我説小孩沒有心跳，必須拿掉他，我也因此傷心了一陣子，因我就真正的想，我和他之間的事情是不是一個錯誤，我們是有緣分在一起嗎，我們總是不像一般男女朋友相遇在一起，而是我自殺陰錯陽差。而他醋桶這麼大，而又沒有一個男人的擔當，而我大姊也知我一旦動了感情就難分，所以我大姊也很自責，讓我想說我是不是應該重新思考我跟他之間的關係。

但是據我對他的了解他不可能放手。他如果肯放手我們生活困難時，他也不會都要用我的信用卡、現金卡在解困，所以也才導致我最後繳不出，才全放棄了。而他也只有一間銀行，而我卻好幾張，也才跟他全信用破產。而之後我才開口請大姊幫忙，用她名義開戶給我用，不然我們信用破產，有一點錢要存在哪。

改不了的命運

而我在二〇〇五年八月二十九日改名字，但原本想說改名字運氣會不會有一點，但還是諸事不順，而他原把六合彩當職業很順利，但偶爾也會輸，而也雖我們經濟上不太有問題，但他卻越玩越大，而我也勸不住他這種賭性，所以我們也常起口角，所以後來我對他實在有點猶豫了，所以我第三次懷孕我才會又拿掉，拿掉才跟他說，他非常生氣，但因他沉迷天堂跟六合彩，所以也才和他鬧了好幾次，也自殺過兩次，但都是他送醫送得快，我要求他暫時分開但他就是不要，所以他才更想讓我有小孩，才在保險套上動手腳，而我又再度懷孕了，我又再度拿掉，後來他又氣極了，而上天不知是不是開我玩笑，我又第五次懷孕了，我又再拿掉，而這次我媽媽跟大姊生氣了，因擔心我一直拿小孩子以後不能生怎麼辦，所以我媽給我兩個選擇，一是分開，二就是做好防孕措施，而我也再給自己一次機會，他跟我家人保證只要我不想生就會防孕，只是命運開玩笑，他爸爸又病倒，但他不肯回去，他媽媽叫我勸，但上次被轟出來我也不想，但他媽媽保證不會再發生一樣狀況。但我大姊反對我回去，因當時都還沒嫁娶，最後我沒跟他回去，但他又回來黏我，這陷我於不義，他家人會怎麼看我，所以我就再度跟他回去埔里工作。但他爺爺有些言語出來，他就頂撞，他爺爺認為他就是因為我這女人才公然頂撞。

他爸這次休養一個月，就又開始喝酒，兩人又吵起來，又把我們轟出來，他跟他爸說他絕對不會再回來，我們又回臺南，而我也跟他說玩天堂不是長久之計，而他不去思考這問題，結果他決定做六合彩中組頭，而他同鄉有說會挺他，所以他就開始準備好，而我也幫他拉攏了我媽媽我叔叔，大哥大姊還有我媽也幫忙拉攏學甲一些有在簽六合彩的朋友。

而也不知上天是否開我玩笑，一次我們出去玩，我居然又懷孕了，而這次他知道了，他怕我拿掉，就告訴我大姊，他們警告我有了就生下來他們會幫忙養，但我還是想拿掉。因雖現在當組頭身上有上百萬存款了，但我還是覺得不對勁，但後來我跟他談，希望不靠我家、你也不靠你家，也可以養這小孩，他想一個禮拜說好要生下來。懷孕時我孕吐得很厲害，只有他媽媽會打電話來關心，而那時也傳出我懷的是女生就拿掉，這次是男的才要生下來，但我七個月才知道他是男的，我家人知道都很開心，但老天總是在我玩笑，在我八個多月時，我們被欠了將近八十幾萬，因他被一個朋友住在員林跟著他玩六合彩的，那期全輸了，所以下一期人家想要再賺回去，他原本不想再讓他朋友下，但他朋友求他，所以他讓他玩，大餅自己也跟著玩，怕他出差錯那他這邊有贏可以補回來些，結果那期兩人全輸了。這下可慘了，尤其是近期他們把牌全移到另一個中組頭那，這才更糟因他是把牌下到高雄朋友那，至少他同鄉不會跟他清全部，可是這個中組頭可是隔天要全清的，所以兩人就要還一百多萬。

這時候我也要生了，全清了那怎麼辦，所以他跟中組頭坦白，希望先付一半，那中組頭考慮以後介紹了高利貸給他，一個月利息要五萬，而那時我身上有五十幾萬，本來要去做月子中心也沒去。我小孩很可愛，給他辦滿月酒，碰上保生大帝熱鬧，就花了七、八萬，而他外公外婆後來有來一次，也有提要說媒但我大姊都回絕了，之後他們連三次，第三次是他爺爺來，他爺爺被我家人洗臉洗得超特別的，但最後也是我點頭，因為大餅欠那高利貸的五十萬我們沒有辦法全清而每個月要五萬利息，所以我同意辦酒席宴客最主要是聘金。不然再滾下去我們都還不完，且孩子要怎麼養。

結果大聘他們開三十萬，小聘我哥開十六萬，但根本不夠還清高利貸，最後談三十六萬，而我們也開始拍婚紗照，但我一點都不開心因為還不了錢。也因我家人不想我嫁他。我大姊還說如果要嫁他，有任何委屈都不要回娘家哭。

後來我們如期完婚，但並沒有回埔里的打算，因臺南這五十萬高利貸還沒解決，我們把所有現金金飾都賣了，一邊還要想還每個月五萬利息，又拖了兩個月，我婆婆勸我們回家接事業，後來我想再這樣我要帶小孩跑路，勸他回去接，要他跟他爸坦白，不行我們把小孩給你爸媽養，我們再跑路，他才決定回家跟他爸談。他爸很生氣，也無法幫忙，所以我們真的帶小孩跑路了一個月，高利貸先去找我哥，後來又去找他爸，最後他爸看我們帶著小孩這樣跑也心軟，要求處理完這事就要接家裡事業。我帶著小孩跑每天流淚，為什麼剛出生就要這樣過生活。但一切都太晚了，為了兒子我只好放棄原則跟他回埔里，他等同我的命，我一心求他平靜長大，給他一個完整的家。我爸過世後我這個夢想就破滅，我寄託在我兒子身上，讓他來完成，所以我也忍下吞下。

家門與保險

他是回去接事業了，而確實他家事業也非常傳統，但我就覺得有些地方不用靠人力就可以完成的，所以我也一直在想要怎麼改變。而很奇妙的事我公公對我非常好，而自從我們回去接事業，他幾乎都在照顧我兒子，而工作就交給我和我婆婆，因我老公並非媽寶而已，還是個妻寶，因如我不陪他工作，他也不做了。但因他家是單傳事業，傳男不傳女，所以也好幾次他爺爺看我們，看到我在忙工作也破口大罵，說我是一個外人。怎可以接觸敏感部分。

因以前我婆婆就是都負責不重要部分，而其他全我公公自己來，所以在公公婆婆時，他家生產四百塊豆腐要一個小時，但在我們接手後，因我把一些原本公公婆婆認為不可能改變的部分都改變了，而半小時就可以生產四百塊豆腐，所以我公公對我另眼相看。而也因為多出了一些時間，所以一般我們做完豆腐他會上三樓去打他天堂，而我則會跟我婆婆去送豆腐。因他家有三大攤拿他家豆腐量最大的，而送的時間也不同。

而我也算過他家批發量，平均來說他家豆腐批發要賺錢的，但為什麼每個月都打平，後來我發現關鍵所在，因我公公他們收錢方式把錢散掉了，所以家中一直存不了錢。只是要用有，吃不用愁。但因家中手頭是握在我公公手中，我也不可能說什麼。只是我們要抽於小孩用品可以跟他拿。而我以為公公很嚴肅，但我回埔里後，他對我比對我老公好，老公跟他爸爸的關係還是僵硬，但我有警告他不可以跟他爸衝突。而也在我觀察我公公不是不想跟老公講話，而也在我調解他們父子多年的心結之後，他們會吃晚餐邊聊天。

而我公公真的對我很好，在想是不是上天可憐我所以給我一個像親生父親那樣疼我的人，所以我對我公公婆婆也很好。但好景不常因錢控制在我公公手上，而他家說富裕可不是真的，因他爺爺愛賭，雖有一棟房子，但嗜賭如命都有年紀了，而且有糖尿病，也每天要打胰島素，但還是很愛打麻將，也曾好幾度忘記打胰島素倒在麻將桌上。所以這也可能是他爸爸跟爺爺的鴻溝。但也才知道他小姑姑一群帶回埔里讓他爺爺養，所以我們回埔里後，他公公一直說，不管怎樣要我們對姑姑有防心。所以我後來也才知，我們結婚花的錢就是我公公拿他那棟房子去貸款五十萬來讓我們結婚，而最主要是要讓他姑姑如想要動腦筋在他爺爺房子要先還五十萬。他小姑姑夫妻也都沒工作，一半是靠假離婚，而申請低收入戶、學雜費減免來過活，而一半他爺爺多少會拿出來給他們，而我也猜我公公喝酒跟這有關。

我們回埔里後我公公三餐都會喝酒因為反正工作都我們在做，我老公看不下去，好景不常，我老公後來工作不做，整天在撞球場，但不工作哪來的貨給人家，而他跟我公公說如手頭不交出來他不做，叫我公公自己做，而最想不到的是我公公真的交出來，但我公公沒把手頭交給我婆婆而是我。而也只交給我六千元而已。我不知道我公公在想什麼，只給我六十元，我要怎樣拿主意，因家中開銷也大，還有他一個妹妹在讀國中，我公公等於把一個燙手山芋丟給我。而我老公也真的開始工作，而我每天應付這麼多事還要顧小孩，就拿我私房錢周轉，而一開始也幸好婆婆幫我，我公公跟老公才又開始對話。

有時吃晚餐我公公會慢慢說一些劉家的事，而也一直交代我如果有一天他死了他絕對不進他們劉家公墓，要我一定要把他骨灰一樣放在和我老公外婆塔那，而那時他們每天都會喝酒喝到快要倒才罷休，而我也壓力過大，導致有三天都沒睡，而我公公拿他精神科睡前藥給我吃而我終於可以睡著。而我婆婆也都靠吃我公公精神科睡前藥，所以一、二個月下來，我公公精神科醫師起疑了，醫生才叫我和我婆婆如果需要可以去他私人診所跟他看病給我們藥。

而賈惠州醫師他私人診所剛好在我們住處大馬路出去不用五分鐘就到了，所以我和我婆婆才一起去他那裡看病。但一開始賈惠州醫師開給我的是一天四餐，但我因吃了後整天昏昏沉沉，所以我後來自己把三餐藥拿掉不吃，而只吃睡前的。而因我公公每天這樣喝酒我看不是辦法，勸他要等到聽我兒子叫爺爺，但他不聽，有一天突然倒下，我們緊急送埔里基督教醫院，是腹膜炎。醫生給了病危通知，後來轉到中國醫藥學院才撿回一條命。哪知他還是一樣，又復發，這次不樂觀而我們工作到一半就接到通知他走了。

我們到醫院時他爺爺已經到了，說要在臺中辦喪事，再把骨灰放到劉家公墓，我想讓他回家但他爺爺硬要他爸爸放在劉家，我們也因此跟他爺爺起爭執，整個喪事我們沒有插手的份只有付錢的份，而我也才真的明白為何我公公把手頭給我，因我婆婆跟老公都太軟弱了。這件事也告一段落。

你們或許不相信，但我公公連續快一個月都在我夢裡說他不要進劉家公墓，我在夢裡跟他解釋我真的沒有辦法，後來去燒香才沒再夢見。也因我公公過世，他有留下保險跟勞保金，房子我跟老公說直接過戶給我婆婆，畢竟他們打拚半輩子。而保險和勞退又有紛爭了，我婆婆說先讓她還欠人家的，我老公說要清他的卡債，那我呢？我家這邊欠的都不用還嗎？所以最後都沒有清，而房貸是我老公主張不清的，而最後全在我手頭，因我們都信用破產，所以是用我婆婆名字在合作金庫開戶用。

公公過世我們改變收錢方式，但他爺爺來破口大罵，我也重新算成本價，什麼都漲，所以也漲了豆腐價格。而也因為我公公因素，我覺得大家都要有保險比較好，而正那時我媽媽病了，也看我們都不好過，所以一直吵我們要幫她加保勞保，但我們都沒人要，因勞保在我哥那，到時候以我哥那種個性不再為了如何分再大吵才怪。而那時剛好我們全家都要保保險，我才跟我媽說那我幫妳保保險。而因我公公是南山人壽，所以我們也保南山。

那時南山人壽有一個方案叫無抽菸方案，保額高、保金少，一個月才八百多元而保障卻七百四十萬，不管是疾病或意外都一樣，原本我要幫我媽保這種，但我媽有三高，所以全家我保五百萬、我兒子最高也只能保到兩百萬，而我婆婆保無抽菸方案，而我老公則保一般疾病，但他有保美金十萬元十年期，回饋那種，至於他妹妹更頭痛，才國中就有三高，根本沒有保險公司要承保。所以只有他妹妹沒有保險。而我老公全部加起來也才三百五十萬，但我想公平一點要保就全保一樣金額，所以我才叫保險專員對這方面來保。但因承保時我老公不在所以我才代簽，保險專員也無異議，保險也因此定下來。而我們都一次年繳。

因家中都是我在掌握，但卻導致我老公好過了，要做不做所以三大攤商沒有貨，而且泡下去的黃豆也要毀了，無論怎麼念他都不聽，因他也在撞球間認識一些朋友，一個做國術、有放高利貸、有弄賭場的，而他看人家體面穿著但他也算老闆但工作都只有一件四角褲，所以他也去比較。那時在瘋王建民職棒，他更加變本加厲，我威脅他要賭錢就要好好工作否則我一塊錢也不給他，所以他才又乖乖工作。

後來我媽保險一搞四個月，但保金卻較高，為了不讓人講話，我媽保險金是我私人拿出來的，但因為保費較高我只季繳。保額一樣五百萬。而我保我媽的比較簡單，沒有醫療險，只保不管她疾病或死亡才有賠的那種，因我媽原本要我幫她保如果住院可以理賠，但我告訴她我才不要為了妳住院要回去跟哥哥拿住院證明還要看他臉色。但哪知我跟他（劉宇航）吵架，也真的被他氣瘋，我留紙條説我要出去透透氣，而那天就是九十七年十一月九日，我開車直覺往南走，在臺南徘徊好久才發現我竟沒有一處可去，沒有一個朋友可以找，但又不敢去找我大姊，所以才去學甲找我媽。

我媽看我沒帶小孩，本要帶我去找二姊，哪知我一出門就遇到車禍，在派出所等到快中午，而我媽要跟叔叔給人家宴客，要我一起去，我沒興趣，才留在我叔叔家在二樓休息。等到媽媽宴客回來她拿東西給我吃，我才在房間講話，哪知他找到學甲來，要我跟他回去，但我不肯，拉拉扯扯，哪有一個母親會放任女兒女婿爭執，所以我媽上前要阻止我們，但千算萬算沒有想到，因他一揮手，我媽就這麼剛好直接跌落樓梯。

我和他在二十七歲殺了我媽媽

當下我傻掉了，也愣住了，而眼睜睜看我媽在樓梯口間動也不動，而也任由我老公拉著我就離開現場開車走，但當我回神時，要我老公把車開回頭，因馬上叫救護車我媽會沒事，但因我老公不敢，因揮手的人是他他害怕，他求我不要說出來，而他也抓住我弱點拿我兒子求我。說妳不是要給妳兒子一個完整的家，還跟我保證以後會好好工作、一切都聽我的。我慌了，因一邊是我母親我沒有第一時間打電話救她，另一邊是我愛的人，也是我兒子的父親，他如要坐牢我兒子一個完全的家的夢也就破滅了。所以我還是自私的，我選擇犧牲母親，但這個傷痛卻無時無刻在我腦海裡。

而我哥我二姊知道我去我媽那裡就出意外，一直認為我是為了保險金，但說實在當時的我也這樣認為我媽是我害死的，因我沒有去找她也不會發生意外。而我大姊是挺我的。她說如果哥哥懷疑是我可以去找檢察官。但我哥跟二姊也都沒跟警方透露任何懷疑，而驗屍官檢查判定我媽是因腦部受到大撞擊而腦出血死亡。而我媽就以突然高血壓或血糖高不慎墜樓身亡來結案，而我大哥最不服的就是我領的保險金比他多。保險公司又有喪葬津貼，也因此我們兄妹之間鴻溝更深。

我老公也說到做到，有好好工作。而我媽那筆保險金，我拿到後，有還清我哥那五十萬。而也因我老公好好工作，所以不管我內心有多痛苦為了兒子我也全吞了。而我那筆保險金他曾跟我提過可不可以拿來清房貸，但我否決了，一，這筆錢怎來他很清楚，二，幫我媽保險我不是動用他們劉家的，他憑什麼要拿我媽用生命換來的錢去還他劉家的債務。但我有給他十幾萬讓他媽媽去還一些。從此以後我心都在小孩身上，也不管他去哪，因他雖有工作，但也要做不做了，我真的心累了。而他也變得愛喝酒，回來就打小孩，因認為是小孩搶走我對他的愛。甚至當我婆婆跟他妹妹面，一回來就一腳從我兒子踹下去。

後來常沒貨給三大攤，他們全聯合斷了我們的貨，他才緊張起來，但一切都太晚了，所以我只好和婆婆商量，賭他們最後還是會跟我們拿，我在三大攤中間開一家臭豆腐店，最主要就是要攔下去他三大攤的客人，因我相信埔里人已經吃習慣他家豆腐。而我們自己賣又比較便宜，而且又有新口味，我也請專門設計網頁的打開市場。而也大概五個月，三大攤商投降，有兩大攤又回來跟我們拿。目的達到我覺得開下去就對不起那回來的兩攤，我們店裡原有一個阿姨看結束可惜，就把店頂給阿姨。

而也在這五個多月，我老公又在外面亂搞，不但賭職棒，六合彩，地下期指、線上賭麻將輸了不少錢，而原本我不理他，他又叫婆婆跟我求情，我才給他一次機會幫他還了八十幾萬，條件就是他好好工作，也因為不堪負荷我請了一個非法外勞，因當初我告訴他我回去跟他一起做豆腐最多就是兩年，因我月子沒做好，而在國中我脊椎跳遠受過重傷。而因我老公教會我做臭豆腐，他就不做，因他不做我跟婆婆會跳腳。他總是答應我又忘了承諾，我就一次又一次忍受他這種行為。而他酒也愈喝愈多。

我兒子也兩次差點死在他手裡。因我們房間是裝潢的不是石壁，不然那兩次他回來就把我兒子抱起往牆壁丟，第一次我攔下來，小孩沒撞到但嚇到，我踹他兩腳，但因他對我有顧忌不敢打我，但第二次我沒攔到，小孩頭直接撞牆，牆破了一個洞。所以我警告他再有第三次就別想活。我那時一直在思考，他究竟多恨兒子還是他劉家遺傳，所以我一直害怕憾事發生但我又不知怎麼去做。

有次他跟我要錢我沒給，他出去回來有汽油味，但我也懶得理他，隔天才知道拿他們家臭豆腐最大攤燒掉了。我驚覺該不會是他，但沒多說什麼。但那晚警察就來我們家。他說他在睡覺我可以證明，我心裡就有數，但也只好幫他作證。他媽媽知道他去燒阿亮叔叔的店也氣得要死，而他也愈來愈過分，把朋友帶到家裡喝酒，而吃喝全包了，我一直在想我是不是錯了，他今天會這樣是我跟我婆婆寵出來的。

我有兩個戶頭，一個他媽媽一個是我大姊幫我開的，一次我去銀行忘記把存款簿拿下車，他小姑姑來借車，被她們發現以後，一直來借錢，因為他爺爺賭博簽了本票，當時我狀況變很差，他妹妹念臺中女中花費很多，從小吃好用好生活費一個月要兩萬，我就像一個提款機，一直在給錢，外面的酒肉朋友都以為我們很恩愛，因為我會給他面子，我每次要動用我媽那筆錢我就心很痛，所以我最後一次警告我老公這是最後一次，當時外勞每個月都還要三萬元，水電柴油什麼東西都在漲價，還有一個小孩要養我真的快瘋掉。

當時我老公常常愛做不做，豆子泡水以後說不做，這些都很浪費所以我才上網去找看有啥可以防止發酵，找到去水醋酸鈉，但還是沒有用。我老公一直覺得沒關係那些都是小錢，但是積少成多啊，所以我後來把錢給他管，想讓他知道壓力，一個月到底要花多少錢，誰知道一個多月後所有事情一落千丈，存款簿的錢少了一半，我只好趕快把經濟權拿回來，但也因此動用另外一個戶頭，後來我婆婆對他失望，所以也沒有再替他求情了，因為這個真的關乎所有人的生活，所以他只好自己去想辦法。

但是奇怪的事情發生了，我婆婆好像身體很好，怎麼會不到兩個月？我婆婆突然人不舒服，而且還是那天我工作完已經晚上九點多了，我才送她去埔里基督教醫院掛急診，醫生幫她打了點滴，打完點滴有好一點了，我就又帶她回去，隔天我請她不用幫忙休息一天，但接下來幾天我婆婆人都不太對勁，人有一點恍惚，精神也不是很好，問她她都說沒事，但是在她出事的前一晚，她忽然像受到驚嚇一樣，爬上三樓一直喊，一直敲我的房門說我老公把我兒子從三樓丟下去了，看她那麼驚恐，我才帶她進房間，跟她說我兒子正在睡覺，但是她還是一臉驚慌，我才感覺她有點不對，會不會是精神上出了問題，因為前幾天她就是要我去她房間幫她抓蜘蛛，說她房間全部都是蜘蛛，我那時就覺得有點奇怪了，以為她是吃了精神科的藥出現幻覺，所以有打算要帶她再去看精神科。

隔天一大早九點我就帶我婆婆去看醫生，家裡就暫時交給我老公，看完醫生以後，醫生重新幫我婆婆調整藥物，要我回去先給她吃一包，讓她休息，我後來中午我買午餐回來以後我要我兒子叫婆婆下來吃飯，我兒子上樓去，但是哭了一下子她說奶奶不起來，我心中突然有一種不安就衝上樓去婆婆的房間，當我看到我婆婆的時候，她已經全身癱軟卻沒有辦法起來。

到醫院以後醫生問我怎麼回事，我大概跟醫生講，醫生說要住院觀察我跟他說妳媽媽現在人已經住院了，不要在這個時候又給我出亂子，他沒有反駁，因為我婆婆住院我老公不可能去顧，所以我交代了一些事情以後要他不要再出去了，叫他記得要去送豆腐，然後就收拾東西去醫院準備照顧我婆婆。晚上八點多我打電話給我老公叫他先來代替我照顧婆婆讓我回去洗個澡順便把小孩帶回去，因為我不可能讓小孩子在醫院過夜，而且我也要回去交代外勞一些工作上面的事，所以他大概九點多才來醫院，然後我就把醫院這邊交給他帶著小孩子回去。

我回去先幫小孩子洗完澡弄完以後把小孩子交給外勞去醫院大概已經快晚上十一點了，我去到醫院以後有問他，媽媽有沒有醒過來，他跟我說沒有，然後我有交代他不要再出去喝酒了，要回家看著小孩子，他跟我說好，這個時候我已經累了，我婆婆也還在昏迷，所以我抽了兩根菸以後再躺在沙發上睡，我們會安排要住在套房其實也是有私心，因為可以抽菸。直到大概淩晨四點多，我醒來的時候我婆婆依然還在睡，所以我就繼續抽菸，後來我想說她睡得這麼久尿布不知道有沒有溼掉，所以才過去想要檢查，結果才剛碰到我婆婆的時候我婆婆就全身都是冷的。

醫生搶救的時候說我婆婆沒有恢復心跳問要不要放棄，我回他說我不能夠作主要問她兒子，聯絡我老公以後我老公都沒有接電話，一直到早上六點多我老公才接電話，我罵他為什麼這麼久都不接電話結果他跟我說他喝醉酒睡在車子上，我叫他趕快帶著妹妹跟衣服過來，大概過了二十幾分鐘，醫生跟他說明情況，他就跟醫生說要放棄急救。他外公跟舅舅很不甘心，要埔里基督教醫院給一個交代，為什麼才進去住一個晚上就往生了，而且要求要解剖釐清死因，但後來我老公不知道怎麼跟他外公講的，所以後來沒有要埔里基督教醫院給一個交代。後來我們在看出殯的日子，挑選的兩個，一個十四天以後一個是四天後，最後是他跟他外公還有舅舅說決定四天以後就出殯。

一切都已經弄好之後我老公要我去醫院申請死亡證明，也要我馬上聯絡理賠的專員，要辦理理賠，等一切都弄好以後，我開始思考這一切，開始覺得有點不太對，因為一般來說自己的媽媽生病了，一定都會很擔心，而且還是一個對他總是有求必應的母親，甚至為了他欠下他外公那麼多錢，但是從他媽媽開始生病以後，他都沒有緊張，甚至連他媽媽出院了，他都還可以喝酒喝到醉，知道他媽媽過世了他也一直都沒有反應，甚至還很正經地應對，而他唯一在乎的是要我去醫院申請死亡證明跟聯絡保險專員，我想到這邊我就不敢再想下去，因為我突然有一種很不安的感覺。

我想了很久以後才決定找他把事情講清楚，我開口問他說你媽媽跟你有沒有關係，他一臉緊繃回我妳瘋了嗎，我才又回他說不是我瘋了是來得太快，而且你對你媽媽的事反應都這麼的淡定，你坦白告訴我你媽媽的事到底跟你有沒有關係，結果他都不講話，就等於他默認了，我問他為什麼，你為什麼要這樣子對你媽媽？她是對你付出一切的人你怎麼這麼殘忍，這時候他才突然說誰叫妳不幫我還債。

我聽到以後傻掉了，只因為我不幫他還賭債，他就把心思動到他媽媽身上，這是我沒有辦法接受的事實，為了錢財可以要媽媽的命，我問他是怎麼做的，他才說他把我買回來的去水醋酸鈉磨成粉，加到他媽媽每天三餐都會泡來減肥喝的牛奶，我問他說可是醫生也沒有發病危通知代表還有救，怎麼可能一個晚上媽媽就過世了，他才說他把我的藥物磨成粉然後去藥局買了針筒，在我跟他換班的時候把這些東西從點滴裡面注入。

那時候我已經哭到沒有辦法出聲，但我哭了一段時間以後我突然清醒過來覺得要去報警，因為他已經喪心病狂了，他對自己的媽媽可以做這樣子的事，那以後他還有什麼做不出來的，所以我跟他說我要去報警，但是當我站起來以後他拉住我，變了臉色，對我說好啊，妳去報警啊，藥是妳的人是妳顧的，我看是妳會被收押還是我，妳再看看我會怎麼對妳兒子。

我才完全崩潰了，我跟他說你已經不是我認識的那個人了，這麼多年的感情你說翻臉就翻臉可以這麼無情無義，為了錢已經喪心病狂，我媽一條人命到現在我沒有一天忘記過，我每天都懷著愧疚自責的心，在維護這個家庭，你這段時間到底都做了什麼，一而再再而三地搞出問題，我一直維護，你卻一直連我都毀掉真的已經不是人了。

可是我也知道如果我去報警的話，我就脫不了關係，我那個時候真的非常後悔覺得自己錯了，我錯不該在當初替他隱瞞我媽媽真正的死因，才讓他今天為了錢不把人命當一回事。我跟他說好我不會去報警，可是從現在開始我們就恩斷義絕。

是的，我殺了他

他原本以為保險公司會像我媽媽過世的時候中請理賠之後的一個禮拜就把理賠金給我們，但他媽媽的保險公司一直以還在審核中的理由回覆，他甚至又拿我兒子威脅我，要我替他打電話去南山保險公司吵鬧，叫它們趕快理賠，但是這麼多次下來，保險公司的回覆還是一樣，因為這樣他的酒就越喝越凶。

這個時候我已經都不管他了，反正我把工作做完該做的事情做好就好了，但最可惡的是他如禽獸般對我是用強行性行為的。而我開始極端詛咒他會走他爸爸那條路，而果然不出我所料沒多久以後他的人就不舒服了。

我送他去醫院，甚至嘗試他對他媽媽所做的，但是我失敗了，被護士醫院發現他點滴裡面有異物，而且人也昏迷過去了，我試了兩次都失敗而且被撞個正著。之後我就放棄了，後來他又繼續喝，繼續對我用禽獸的方式，我忍無可忍所以才每天晚上包車回去臺南找大姊，這種行為大概維持了快兩個禮拜左右，最後一次當我又抱著我兒子要回埔里的時候，我的大姊叫住我，跟我說這樣子真的不行，那她叫我帶著小孩子回臺南，可是那個時候的我個性好強，當初所有的人都反對我嫁給他，我硬要嫁，她們也跟我說過如果我嫁給他以後發生什麼我就不要回娘家，所以我才用硬脾氣沒有回頭回我大姊說我沒有事，然後就回埔里了。

三個月以後他終於倒下來人也住院了，醫生檢查出他酒精中毒而且肝也有硬化現象，我才跟他講說你爺爺愛賭，你爸爸愛喝，你愛賭又愛喝是遺傳到你們家的精髓，完全是報應，他很生氣地拿我兒子威脅我，要我回去幫他拿我在吃的精神科藥物，不然他要馬上回去打我兒子給我看。那個時候我已經被他逼到極端，他也因為被賭債逼得很緊，保險金又下不來，他就很急所以也抓狂，拔掉點滴說要回家打小孩，我才回他說我回去拿，我叫護士過來重打點滴，而那時候我整個腦中就只有一個念頭：想要死不用怕沒有鬼可以做。

下篇：生命的田野

自我詰問

收到林于如自傳時，已近二〇二三年底。對我而言，這份文本異常珍貴——並非僅僅基於這是一份「殺人犯自傳」的特殊理由，也因為它像一支里程碑，儘管未至終點，但證明了此前的努力沒有白費，仍有路徑，只是需要仔細分辨。因為有著本人的口述史，使作為一名非虛構寫作者的我有了更扎實的基礎繼續探問與釐清——關於此前與林于如拔河過程中所發生的疑惑，以及司法、醫學等場域對其的指控。

為了查核，需要整理文本，整體而言，進度遲緩，一直到農曆年後，才將所有內容看完，做了部分逐字與摘要。原先，是預計將所有內容逐字繕打，然閱讀時，經常因手寫字的難以辨識而感到疲憊。其次是，在閱讀過程中，會對其一生的離奇遭遇感覺違和——

違和感並非基於林于如一生遭遇著過於詭譎的事件，而是她筆下的人生是一連串的往下跌墜。在她口述的故事版本裡，可以窺見隔代教養、性別傾斜、家庭暴力、家內性侵、同性戀、賭博、貧窮、工殤、乃至婚姻情感等家庭課題，這些議題，分別幻化為各種事件，像受到指令一般排序出現在她生命中，敘事因此富含邏輯與時序；但就如同之前曾閱讀過她寫給廢死聯盟的另一份故事，她的自傳會有一眼可辨的錯誤，像描述製作豆腐過程中需先煮製豆漿，而豆漿的溫度竟有上千度。

讀到「上千度」時深感那才是我當下的內心狀態，如火山爆發，熔岩沸騰。類似的敘述，又開始使我對這份文本試圖保持更加抽離的距離。而後繼續整理，更可見文本中充滿各種因過於誇大而使敘事有相互衝突可能的描述：如認識黑白通吃的黑道老大，可以動用資源解決任何她感到不平的委屈與遭遇；但她傳記裡的主角卻常常存在認知失諧——

在她給我與廢死聯盟的故事版本中，皆再次重述了她如何捍衛想離婚的大姊。這段描述裡，她的母親是保守而堅決大姊不能離婚的，那麼為何在她與劉宇航的婚姻頻頻發生衝突時，母親竟會主張應該離婚？當她描述自己與劉宇航相遇時，她是有著女性主義的意識的，甚至，若她所說，自己擁有各種龐大的黑道資源，當劉宇航開始在婚姻中走向偏軌，為何遲遲無法抽身？又比如，林于如說因為大哥三番兩次欺辱她，導致她最後採取暴力行為、凌虐兄長下體，但案發後，林于如的大哥在警察製作殺人案相關筆錄時說，「我諒解我妹妹林于如。」這是一名「禽獸」大哥會有的回應嗎？

存有疑問，因口述故事裡的人物扁平。如同判決書、媒體報導，乃至人權團體的描述都僅是碎片，林于如就算以十萬字的細節編織，因人物的內心轉折與行為時有矛盾，啟人疑竇。然而，閱讀時卻也有著未能完全否認文本為真的直覺，因人的變與不變並非線性的過程，而可能曲折又迴繞。至於敘事的局限，是人終將摘取自身深刻記憶或認知的片段來陳述。

後來按捺煩躁持續閱讀，原因之一：林于如敘事中的人物形象使我有所投射。比如描述原先看似嚴肅、會家暴、無法與劉宇航親近的劉衍良，在孫子出生後竟有慈父的面孔。那樣的形象使我想起外公。

一九二八年出生的外公幼時失親，後被寄養至叔叔家，寄人籬下的孩子必須活得透明，十五歲他便決心離開三義的小村至北部打拚。當時仍是日本總督府統治的年代，因應日本工業化需求，日本政府在臺灣大力推動煤礦開採，其中新北市瑞芳為重鎮。他輾轉來到這座充滿黃金光芒的山城成為礦工，靠著身強力健的體魄養活自己。少年獨自闖蕩，必須自我保護，外公以菸、酒、肢體拚搏填充男子氣慨，隨著年紀，行為潛藏入身轉為根深柢固的質地。

外公並非外婆的初任丈夫。當他來到瑞芳的建基煤礦時，他是外婆第一任丈夫工班下的採礦人。直至外婆初任丈夫因一氧化碳中毒罹難，外公才與外婆成家。然而成家過程沒有甜蜜的戀愛，強奪而來的外公有著深深的不安全感；自小欠缺家庭關愛也使他不知如何經營家庭。當時建基的兩個礦坑「海底大斜坑」和「本坑」，是臺灣甚至世界少有，必須深入海底土層開採的海底煤田「海底坑」。採礦本就充滿風險：落磐、瓦斯氣爆、坑道火災、一氧化碳中毒、坑道灌水，在比一般採礦更艱困與隨時喪命的壓力下，他成為一名會吃喝嫖賭的丈夫。

沒有酒精時，他是一名正常人。有酒精時，外公會不分青紅皂白地發脾氣。曾聽母親形容，幼時她們只要聽到外公回家的腳步聲便趕緊裝睡，因為不知道下一秒會不會被吊在梁上毒打。一九七〇年左右，礦業逐漸沒落，一九八〇年後更是礦災頻生，外公決定離開礦場，舉家遷移淡水河岸的新莊。一九八三年，我出生，外公輾轉至原經營礦坑的李建和所捐獻建立的指南宮當總鋪師。

我是家族這輩的第二個孩子，而母親是外婆第一任丈夫的女兒。據說出生時外公與外婆到院探視，外公撇下一句「怎麼這麼醜」就轉身離去。日後我未曾醜小鴨變天鵝，卻因撒嬌成為他最疼愛的孫女。外公視我如親，工作餘暇會騎著海龍牌霸王號帶我出遊。我們曾從新莊頭騎至新莊尾，穿越田埂，他總教我吟唱日文童謠，甚至教我打拳強身保安全。至死前，外公未曾戒除菸酒，但在我的記憶中他從不動粗。老後中風，一次看著電視討論家暴，他曾喃喃自語：「這真毋著（不對）。」

人是怎麼改變的？

人又是怎麼不改變的？

因家暴而很早逃離家庭的母親，幻想擁有自己的家。但將自身課題託付給他人使她總是所遇非人。逃離家庭、想像依附的她也學會菸酒與賭，而懷孕時才知道對方已有家庭。母親拒絕成為第三者，她艱辛地扶養我成人，而酒精始終沒有離開她的生命。清醒的她會讀小說與詩，但醉倒時她就成為怨靈，噴射而出的話語曾長年如荊棘一樣鞭笞我，使我拷問自己的存在。

家庭間的人際動力膨脹又縮聚。愛與恨隨人的狀態流轉，既難抵銷，也不彼此相融。人因此起伏。有時進步，有時停滯，而有時候失足滑深，一跌不起。林于如的故事某程度隱含我家庭的變形，而那往往也是追溯案件時，我會窺見的社會常態。

若再宏觀一點看待林于如的敘事，其版本與社會堅信的司法敘事有著極大落差。若「真實」是我們辨別罪惡、確立賞罰的基石，那麼，似乎仍有探問的餘地及必要。

隨自傳附上的還有一封信，信裡是林于如大姊林彤珊的聯絡方式。致電、去訊，沒有回應。但在舊曆年結束後，仍決定動身，前往案發時的埔里小鎮。

視角的矛盾

搭高鐵南下，至臺中出站，載客區有一輛車等候，是一名曾任旅遊記者、未曾謀面的同業范。范是另位好友攝影記者黃的大學同學，畢業後未如其他同學留在北部發展，而是回到家鄉南投。記者生涯十五年後，他離開機構，設立個人工作室接案。時任旅遊記者時，工作內容包含行銷企劃等業務，埔里不少店家都曾與他有過往來，是他投入最深的地方。林于如自傳中描述，為挽回臭豆腐攤商而曾開立小店、請人宣傳，范即是當時負責採訪的人。

車程上，范說恐怕自己幫不上太多忙，「我和林于如，就只有那一次的交會經驗。」事隔多年，他對林于如的印象早已模糊，在他腦中深印的，皆是警方描繪的「驚世媳婦」形象。

抵達埔里，范載我一一走踏從卷宗抄錄下來的地址。前去時心情忐忑，畢竟是登門探問悲傷的記憶。只是案發已經十四年，當時涉事者的電話號碼多半已作廢，唯「你我他晚點」的老闆電話仍暢通，但撥去皆無人接聽。侵門踏戶式地打擾，是沒辦法中的辦法。

前往「你我他晚點」時，高大的胡訓亮正忙著下午開店事宜。通常早上他會去採買，九點過後開始備料，遞名片時他先是蹙了下眉頭，翻面看見同姓，才稍微露出笑容。得知要訪問驚世媳婦案，胡訓亮沒有立刻拒絕，也沒有馬上接受。過去這幾年，他是主流媒體述說此案的主要角色之一，該說的、能說的，幾乎都已曝光，「但我讀了林于如自傳，覺得有些地方有疑問，所以想來求證。」胡訓亮思考了一下，才應允隔日受訪。

第二天早上，依約前往「你我他晚點」。這天店裡只有胡訓亮與太太。他站在瓦斯爐前，取一深鍋油煸紅蔥頭，是炸醬的前置作業。訪問在他的日常勞動裡展開，時站時坐，胡訓亮的動作一氣呵成，沒有因為訪問而有任何耽擱，那是他對自身責任的認知——這店鋪是母親交託給他、拉拔他長大的事業，而今的興隆鼎盛，更是他克服九二一地震的證明。

或許如此，十四年後談起林于如，胡訓亮最在意的還是跟豆腐有關的一切。他說自林于如與劉宇航接班後，臭豆腐的品質就大不如前，「以前劉宇航他爸爸在做的時候，臭豆腐原本小小一顆，下去炸以後可以膨脹到三倍大；但換他們夫妻倆，豆腐都變得非常乾癟，縮水以外，口感香氣都大不如前。」但因兩家交情，胡訓亮一直忍讓，就連發起抵制，他也都是被動，「但林于如居然就在我店面附近幾十公尺又開一家店，而且天天叫宣傳車在我店門口繞！這不是故意找碴嗎？」提起縱火一事，他更是深感委屈：「因為我媽媽跟劉宇航媽媽的交情，他媽媽來跟我借錢，我從來沒有第二句話。但他們居然這樣對我！」

胡訓亮記憶裡的劉宇航乖巧、樸直，「就是個打羽球的乖孩子，誰知道離開埔里以後就變了。」對他而言，劉宇航的質變全因林于如。他眼裡的林于如脾氣暴躁、簡直惡妻：「總是罵老公，叼一根菸、站三七步，很沒氣質。」邊回顧，他邊脫下口罩模仿，是受電視節目採訪錄製時也出現過的畫面，熟練得像是展演。看著他的再現，並不認為胡訓亮撒謊，在八大行業打滾，行止不免有著江湖味。但氣質與非語言的展現，未必完全反映生活的真實樣態。

訪問完胡訓亮，按圖索驥前往林于如口中頂讓出去的臭豆腐攤。店面約兩坪，裝潢簡單，牆已斑駁，僅有一捲髮微胖，約六十多歲的女人顧攤。開口詢問，她是否為林于如當初頂讓接手的老闆娘？婦人答是，並對有人在十多年後還前來探詢感到訝異。

「我當初是她開店請人時來這工作。她很努力。從早到晚都在豆腐店忙碌。電視節目說她敗家買名牌，出手闊綽，別的我不敢說，這件事真的沒有。她總是一身樸素運動服、一雙夾腳拖。」老闆娘說，林于如的婆婆與丈夫僅偶爾出現，關於豆腐的事務，大多是林于如一人負責。因為工作過於忙碌，林于如甚至剪去一頭漂亮長髮，留著男生樣式的髮型。「小孩也都是她在帶。而且小孩她基本上都帶在身邊，幾乎寸步不離。」

老闆娘的說法與林于如較為一致，至於外界如胡訓亮說她豆腐愈做愈差，在她眼中並無此事，「反而是案件爆發後，她先生的姑姑接手，豆腐才愈做愈差。」當時來採訪林于如的范，評價也與老闆娘相似：「豆腐不但好吃，還有各種新口味，實際上很受歡迎。」這也是日後胡訓亮與劉宇航小姑姑劉怡岑駁斥律師以智能障礙為林于如辯護的理由：「如果她真的是智障，怎麼可能做研發，還把生意經營得有聲有色？」

胡訓亮是否刻意扭曲？或許不必誅心。人的記憶與述說，難免受到案件角力與彼此糾葛的影響。那日訪問尾聲，他和太太表示，店面遭縱火，「或許是前世相欠債。」談起事件時，口吻其實平和，只是理解與詮釋隱約透露淡淡的怨懟。訪談結束前，胡訓亮問我：

「妳知道她有一個乾哥哥嗎？她婆婆死後，她跟她乾哥合夥開葬儀社，應該就是想要殺人後可以趕快火化。」

「這種說法未免太離譜了吧。」

「對啊，聽起來很離譜，但這是警察跟我們說的。他們懷疑林于如不只殺一個人。聽說有一個債主去他家討債，吃頓飯，結果吃完離開以後就離奇自撞死亡。詐領案爆發後，人家家屬想要重啟調查，但沒屍體，不了了之。」

胡訓亮與妻子深信警方所說：若非落網，林于如將經營出一條龍的謀殺事業。儘管從無證據，但受害者的說法，總被不證自明為可信。

作家王安憶曾如此描繪流言——總是混淆視聽，好像要改寫歷史。流言總從小處著手，沒有章法，也不按規矩，到哪算哪，帶著流氓地痞氣。流言不講長篇大論，也不講小道細節，它只是橫看來。它是偷襲的方法，從背後擦上一把，轉過身卻沒了影。

無影的陰沉流言是龐大暗雲。匯聚、醞釀，最終在林于如身上降下一場暴雨。據她自傳描述，雨雲的源頭，是從她母親林侯月雲起心動念要投保開始的——

「我公公過世後，才想到我們都應該要有保險。因為生病有很大負擔，保險可以幫很多忙。」林于如想，經濟壓力龐大，婆婆有慢性病、劉宇航又菸酒不斷，若有保險，出了意外，不至於讓生活瞬間崩潰。

在警方的敘事版本中，林于如替家人投保的動機卻是為償還賭債，林于如甚至為此隱瞞劉宇航、偽造文書。媒體在報導此案動機時也常常訪問南山人壽一位女性保險員，她總是言之鑿鑿，強化了警方的謀殺動機論，但當循卷宗找到最後為林于如規劃保單的南山人壽保險員余冠中（化名），說法卻有所出入。

余冠中和林于如初次碰面，是林于如因兒子小偉住院須辦理理賠相關事務。她至南山人壽通訊處辦公室時，沒有其他業務員，所以由余冠中接手。理賠內容確認後，余冠中帶著理賠送至林于如家中，「她問起一些關於投保的問題，是關於她自己的親生母親的，所以那時候我們有幫她處理跟規劃。」

「林于如說，她們南部有慣例，嫁出去的女兒要負責父母的喪葬費。」因此除壽險外，余冠中另外規劃了醫療跟意外險，「但她只要壽險，其他醫療都不要，因為她說媽媽的醫療並不是由她而是哥哥負責的。」

保單規劃通過一個多月後，林侯月雲過世了。「以我們在做保險的角度來看，會覺得這是一個切入的好時間，所以我們那時候有主動問她說，有沒有要替其他家人做規劃？」余冠中在談保險過程，感覺林于如很豪爽，並沒有什麼限制，「提了一些想法後，就都交給我們去做。」後來替劉家規劃疾病、醫療跟意外險全包的全險，保險金由劉衍良身故後的保險金支付。

當時，鄭惠升採用的方案是無抽菸方案的優活定期壽險，這個方案的特色是保額高、保費低，一個月只需八百多元保費，但有七百多萬的保障；除壽險外，鄭惠升也另外保了「康祥一生」的失能與疾病險，受益人是法定代理人劉宇航；劉宇航因會抽菸，僅保「康祥一生」方案，此外還有不分紅的定期壽險，以及當年賣得很好的「美鑫外幣終生分紅」保單，受益人則是林于如。林于如自己亦有一份保單，受益人是劉宇航，至於劉宇航的妹妹因國中就已罹患三高，健康檢查沒過，因此沒有保險。這與日後警方宣稱，受益人皆為林于如的描述，並不吻合。

余冠中補充，因為必須體檢，「當事人絕對知道自己被投保。」而每次到林于如家談保險時，「每位要保人都是百分之百出席。」這與警方塑造的刻意隱瞞、意圖謀殺形象有所落差，使余冠中在案發後感到震驚與衝突。

警方聲稱，林于如規劃的險種都是易於訛詐的壽險，案發後，勸阻余冠中要謹慎小心，不要接觸林于如，「警方甚至說，林于如連她兒子都有保險，下一個遭殃的可能就是她兒子。」但他與妻子接觸林于如過程中，「覺得她雖有江湖氣，但很小心翼翼照顧孩子。」余冠中的妻子有幼教相關背景，觀察林于如照護兒子的方式，認為她不可能為了保險金做出連續殺人的事。「否則，小孩做危險動作，她根本可以不用管。兒子有意外險，出事不是剛好嗎？」不過，警方以「你們太年輕了」駁斥余冠中夫婦的觀察。

現有的主流敘事版本，林于如是因謀殺母親得逞後，仍因龐大債務而動念殺害婆婆與丈夫，但林于如自述：母親的死是一場意外。只是這場意外還未發展至母親身亡時，林于如的大哥在二〇〇八年十一月九日向她索討之前硬逼她簽下的本票五十萬，此時，又遇上新開店面、劉宇航下注六合彩、職棒簽賭、地下期指與線上麻將的債務，保險金的誘惑，襲住了她——

劉宇航對她保證改過自新，想及完整家庭的夢想、年少失親的經驗，林于如坦言：「我後來自私地選擇犧牲我母親，但我腦海一直記得這件事。」這是警方問她是否承認自己刻意詐保而殺母時，最後選擇承認的原因：「因為我的確領到了保險金。我也覺得媽媽是我害死的。如果我那天沒有去找媽媽，也不會發生這件事。」

林于如的大哥與二姊接受了輿論對她貼上的詐保殺人標籤，自此與林于如不相往來。唯有大姊林彤珊始終不信。一來是林侯月雲的死，經相驗後證實是因腦部受到撞擊而死，但沒有任何證據支持是林于如推落母親造成她的死亡，其次是，「她的精神狀況當時真的已被逼到臨界點。」

暗面

二〇二三年二月十九日，耗費數月才終於連繫上的林彤珊，終於允諾與我碰面。在八大行業工作之故，她日夜顛倒，幾乎斷絕一般社交，也鮮少回覆訊息與電話。林彤珊與我約在臺南永康租屋處，是一透天老式公寓，格局深長少光照，階梯小而窄。一樓是屋主的住處，有一神壇，香煙繚繞。林彤珊出門口接我，先拈香祭拜後，再領我上樓。屋主將每層樓分租給兩位住戶，以樓梯為界，無其他隔間。她住三樓，映面而入是一張寬大的鐵製辦公桌，二間房，一張木茶几與座椅。

林彤珊留一頭長髮，挑染金金，不必上班之故，隨意地以鯊魚夾盤髮，穿著起毛球但溫暖的運動裝。她的身材與林于如相似，都是高䠷、手腳纖長的類型。生活磨難，她的氣色並不健康，多細紋，看起來十分疲憊，但她和林于如有一樣的水亮大眼睛，和人說話時總是直視不閃躲，沒有畏懼。碰面時，是她慣常的休息時間，但數小時的談話，除起身抽菸或拭淚，林彤珊一直挺立脊背，語氣不卑不亢。

十四年來，林彤珊對林于如不離不棄。妹妹是死刑犯，但她依然為她留了一間房間。「那是我承諾她的。」林彤珊迄今依然不信妹妹殺了母親與她的婆婆，「但要說殺死劉宇航。我相信。」

自從林于如嫁給劉宇航後，與林彤珊幾乎不相往來。「我一直很反對妹妹嫁給劉宇航，但她屢勸不聽，結婚時，我對于如說：『日後是福是禍自己承擔。』所以多年來，我堅持不參與她的生活，也從來沒去埔里看過她。我妹知道我的個性，說出口的話就不會收回，當我接到電話，要我協助處理後事，我以為她說謊、是想騙我去埔里看她。」

後來林彤珊知道劉宇航早逝，除了訝異，她沒有哀慟，甚至對林于如脫口而出：「這畜生死得好！」陪林于如驗屍時，還踢棺材拍手稱慶，「單純覺得壞人就是不應該死留全屍、覺得劉宇航死後必須被大卸八塊根本報應！那時候我不知道，竟然是自己的妹妹親手了結他。」

林彤珊和林于如年齡相差六歲，「我出社會時她大概才十二歲，因為很早離家，我跟她接觸很少；後來是因為爸爸過世，我又離婚搬來臺南，才和妹妹同住，有比較長時間的相依為命。」林彤珊形容自己個性獨立而強悍，因早年父母工作關係不在身邊，認為自己必須自立自強，這也養成她不喜歡依靠家人甚至朋友的性格，「不過我們兄弟姊妹心裡也都很渴望爸媽回家，只是相對于如來說，因為她年紀最小，她對家庭的渴望可能是最強的。」

自傳裡，林于如描述，當初是在姊姊鼓勵下才與劉宇航交往，「那時候會鼓勵妹妹，是因為爸爸生前的交代。」林彤珊說，劉宇航在KTV認識林于如後，展開積極而瘋狂的追求，「甚至追求我妹妹追到家裡來。」以往林于如性向表現偏中性，「我爸很擔心，就跟我講過，希望妹妹不要變成同性戀。所以我想說，她好像可以接受劉宇航，所以就鼓勵她去戀愛，哪知道她一接觸到她先生就一頭栽進去！」

媒體形容劉宇航是「愛到較慘死」，在林彤珊眼中，妹妹才是那個為愛燃燒的人。二人同居後，劉宇航的開支幾乎全部仰賴林于如，「我、我哥哥，二妹，都有幫劉宇航找工作，可是他真的好吃懶做。我介紹他去朋友工廠，或是二妹介紹他做磁磚，他到現場以後都像大爺一樣；另外檳榔跟菸的開銷都嚇死人，可以說是賺一千元卻花兩千元的個性，導致那時候我們對他先生印象很不好。」

「劉宇航說自己是羽球資優，很傲慢、臭屁，常在朋友面前炫耀自己是南投富二代，但都是謊言。」林彤珊在劉宇航追求林于如期間曾詢問劉宇航職業，「他說就在顧賭場，我想說難怪，否則怎會去跑酒店。」二人交往期間，林彤珊從未看過劉宇航打過羽球，甚至四處闖禍，比如曾持槍到賭場，被警察逮捕，「那時候還是我跟我哥去保劉宇航出來。」

林彤珊形容劉宇航是以賭維生、投機取巧之人。在她眼中，這些行為，都出於劉宇航「惡」的本質。但社會學家瞿海源曾對臺灣社會長期存在的賭博現象提出觀察，他認為賭博的發展與移民背景不無相關：移民最重要的核心是「求生存」，因而培植出功利而現實的特徵。

瞿海源的研究指出，大家樂蔚為流行的一九八〇年代，國際競爭激烈，臺灣經濟處於轉型階段，臺幣快速升值，原有投資方式獲利低，新的投資獲利不明，導致固定資本增加率負成長，在大家樂蔚為流行的一九八五年的年增加率甚至最低；此時，遇上經濟高度成長，外匯存底增加、貨幣大量發行的社會情境，社會累積許多游資，「一種『不確定性』，在結構性緊張下，開始出現。」

不確定性轉化為焦慮，產生了普遍化的「實現願望的幻想」而使人們有一種集體盼望——人們會認為，透過金錢的適當使用，可以克服不確定性帶來的壓力，這樣的心理狀態與移民文化的「賺錢」緊密糾纏後，使大家樂與六合彩有了蓬勃發展的空間。而六合彩等藉由數字排列組合來進行的賭戲，對特定信念的形成特別重要。「這種信念通常呈現的形式是，我先付出一點代價，然後憑著特別的方法跟機緣，就可以獲得巨大的利益。」這種信念與「個人主觀對命運可控性」高度連結，一旦自己或朋友等親近的人中獎，又會再次強化個體可以控制個中狀況的信心。

因此，沉迷於賭的信念，並非普遍存在每個社會階層，而是好顯於手中握有游資，知識水平卻又不夠高的族群身上。其中，缺乏職業保險的工人以及處於邊際地位的小企業主，是大家樂的主要玩家；若進一步以占比來區分，低級藍領與小企業主分別是簽賭的最大族群，其次是自營者。這樣的賭徒面貌，與林于如自傳中的爺爺、父親，乃至劉宇航家族以及她與劉宇航的生活狀態大致吻合。

然這些與賭相涉之人，往往對潛藏的社會文化影響，毫不自知。賭因此在他們因際遇起伏時萌發茁長。

前往劉家。卷宗裡的地址，距離埔里鎮中心不遠。外牆是二丁掛，約是臺灣八〇年代的建物。如今看不出任何豆腐工廠的痕跡，而是一棟平凡無奇的透天厝。走訪鄰居，得知案發後，劉家人已搬走，沒有留下聯絡方式。循線找到當初除「你我他晚點」外與劉家有較多供貨往來的店家，店主不願多談；若回應，答案也都是「不知道人家家內事」。唯一一家在案發後還有與劉家交易的小吃店，僅說「劉宇航小姑姑接手後，生意做不起來」，老闆娘仍保留當時的電話，但去電後，也已查無此人。

原先屹立埔里鎮的劉家臭豆腐，在這十四年間，幾乎不留痕跡。於是前往鄭惠升娘家。其娘家距埔里鎮中心有一小段距離，約七分鐘左右車程。沿途散見農田或溫室，不若城鎮中心有較多透天厝，這裡仍以平房為多。走訪時沿途無車，抵達鄭家時，周邊亦無人影。范停駐路邊，讓我下車叩門，但水泥圍牆阻隔，紅色鐵門深鎖，只有狗吠回應。

徘徊許久，才終於看見對面鄰居出門。前去表示想了解驚世媳婦的案件，兩位年過七十的長輩立刻瞭然。「但妳要找到他們家的人可能很難。」鄰居表示，彼此不算熟絡，只知道鄭惠升的父親鄭塗育有二名孩子，妻子在女兒死前幾年已過世。「鄭惠升死後，只剩開巴士的哥哥。」但排班狀況不一定，常常只有老父一人在家。

鄭惠升逝世前，鄭家與劉家早已不相往來多年，「聽說是因為女兒的事跟親家發生嫌隙，詳細情形是什麼不太清楚。不過鄭惠升很貼心孝順，每隔二、三天就會來探望爸爸。」鄰居說，偶爾會看到鄭塗清早去廟裡，其他時間很少看他出入。「他年紀也很大，女兒的死是滿嚴重的打擊。」留下聯絡方式，託鄰居轉交，但無後續。意料之中，卻不免挫敗。一直到離開埔里返北後，才終於找到願意開口談劉宇航的羽球指導教練方榮岳。

方榮岳與我相約臺南關廟的「達陣羽球館」。不是熱鬧的區域，鄰近有小型工廠，羽球場館以鐵皮搭建，歲月留痕。剛過正午的緣故，偌大的場館沒有來客，一燈未亮。方榮岳與妻子坐在櫃檯旁，正專注地看著電視螢幕。螢幕裡，正直播全國中等學校運動會的羽球初賽，方榮岳的孫子是羽球雙打的選手之一。不久後，一國中女生背著球拍入場館，也瞥了螢幕的賽事。方榮岳招呼她吃飯、叮囑稍後必須練球，「這個是我孫女，也在打球。」

是羽球世家。但多年前，方榮岳的羽球傳承曾差點無法延續。

早年，方榮岳是關廟國中羽球隊的教練，他帶領的男女羽球隊屢獲佳績，常常摶得團體冠軍。後來兒子升上國中，也加入羽球隊，打了一年，表現仍不突出，常常坐冷板凳；加上兒子上一屆的球隊表現不佳，校方有意解散球隊。方榮岳的兒子是一九八〇年代出生的孩子，教改蓄勢待發，但升學仍是主旋律，從小練體育的小孩如果無法脫穎而出，往往會因時間側重訓練而偏廢課業導致升學困難。「我太太說，你一輩子都在教羽球，教出好球隊、也教出甲組球員跟國手，現在竟然要放生自己的孩子？」他想了想，認同太太說法，遂在臺南、南投、嘉義等地尋找二、三軍的羽球選手，企圖組織一支新隊伍，做兒子的後盾。

「講白一點，我們就是找人家好學校不收的小孩來收，是雜牌軍。」而劉宇航就是當時被方榮岳挑選的選手之一。選手齊備後，方榮岳開宗明義地叮囑：「你們要知道，你們全都是人家不要才到這裡來。我們的目標就是，你們升上高三前必須打進全國前六名。唯有如此，你們才有保送大學的資格。否則功課不好、球也打不好，未來是沒有希望的。」

全國前六名是極為困難的目標，「就算花費三年練也很不簡單。因為其他人的底子好，且認真練，如果要贏，我們就要比別人更認真。」方榮岳的激勵凝聚了士氣，這群選手從進高一的暑假就開始集訓，因為目標一致，成績不算太好，但也有顯著進步。集訓約一年左右，有場羽球比賽，最多可報名十二人，劉宇航當時很認真練，自願報名，雖然奪獎機會不大，方榮岳依然應允。

羽球的奪分關鍵之一是扣殺。球員必須耐心、專注，並能精準且適當地抓住時機回擊。劉宇航在這方面表現一直不好，常被方榮岳教訓；為了比賽，劉宇航瘋狂練習，「最後那場比賽，他打敗了甲組球員；後來高一下學期全中運，他也意外地打到前六名。」置之死地而後生的決心，讓這支雜牌軍越戰越勇，一次差點打贏全國四大名校之一的高雄中學，「那個時候三戰兩勝，打五點。打到第四點是二比二，又打到第五點，又一比一，加長一局，後來他們贏了，對方教練把他們球員罵得半死，因為我們這支球隊的球員沒有一個人能擠進全國前十六強，但他們居然差點就輸掉比賽。」

在方榮岳的帶領下，這支隊伍的選手陸續獲得升學的可能，有的選手不但獲得保送，甚至拿到公費生的資格。為了密集練球，不少外地選手都與方榮岳同吃共住，劉宇航即為其一。在他記憶裡，劉宇航算是乖巧的小孩，因從國小就打羽球，表現不好的他獲得機會能繼續打球，一直很努力。高二後，劉宇航更與其他同學陸續搬進臺南高工宿舍，和學校球隊一起練球，比起三軍時期，進步不少。

方榮岳苦思，難以回想什麼關鍵事件影響了劉宇航，「唯一可能的是有一次比賽，我很嚴厲地責備他。」與劉宇航一起打球的陳勝文（化名）說，搬進宿舍後的劉宇航，練球出現瓶頸，和原先一起練球的他們漸行漸遠。加上後來認識新朋友，常常跟新朋友外出玩耍，夜不歸營；方榮岳嚴厲責備劉宇航當天，是因賽事提前，而劉宇航人未出席，「教練氣到當場要他跪在比賽場地，於是他跟教練起了很大的衝突。」

劉宇航原先僅是賭氣。但此時方榮岳因母親中風，已無力多加看管劉宇航，失去嚴父般的看照，又與原先同儕疏離，劉宇航開始自我墮落、辦了休學。之後，他頻繁進出撞球店，認識了酒肉朋友，開始於夜市經營賭博性電玩，也替人看管賭場，不過入不敷出。父親劉衍良斷他金援，寵子的鄭惠升卻私下支援劉宇航吃喝花用，就這樣，劉宇航於聲色場所流連忘返，才因此結識林于如。

劉宇航顯然不是媒體呈現的形象：結識林于如後，才體育、學業雙雙荒廢。相反地，方榮岳與其他曾與劉宇航一起練球的同儕，與林于如的說法反而一致。而劉宇航的狀態也非他個人獨有，像劉宇航這樣不甚出色而有教育銜接問題的選手，一直存在。

根據教育部統計，至二〇二〇年為止，有三百八十四校國中設有體育班，但僅一百一十五所高中設體育班，約有六成國中體育班畢業的選手，難以順利銜接至高中體育班培訓；就算能順利進到高中，以臺灣發展最蓬勃的棒球為例，平均每年畢業的高中棒球體保生約五千人，僅四十一人能進到職棒體系。自小僅被灌輸朝一條路往前奔跑的選手倘若失敗，何去何從？教育體制迄今的難以回答，成為許多少年惶措的天問。

而劉宇航的墮落不是線性的。如同林于如，他也有著難解的家庭分裂課題。

據林于如描述，劉清勳並非僅有劉衍良一子。他原先育有二男二女，只是另名男丁很早就因車禍身亡。後妻子過世，曾續弦。因事業單傳，女兒並未留在埔里，雙雙外嫁。其中二女兒劉怡岑嫁到臺北，婚姻不順，一共結過兩次婚，和第二任丈夫育有二子，並替第二任丈夫扶養其與前妻生的二名小孩。劉怡岑在臺北經營KTV，生意並不順遂，在劉清勳第二任妻子過世後，劉怡岑帶著一家回到埔里投靠劉清勳，嘗試做小生意，依然以失敗作結。不久後，劉怡岑與第二任丈夫假離婚，日後生活所需多仰賴劉清勳支持。劉衍良對劉怡岑的行為看不過眼，兩人常為未來父親的遺產分配有意見。

劉衍良一生糾結，對家有恨，卻依然恪守父親的權威。他以酒精作為抵抗與支撐，支持劉宇航繼續發展羽球生涯。方榮岳回憶，當劉宇航仍認真打球時，父母有時會到臺南探望，「他爸媽對我們相當好，九二一大地震發生時，劉宇航他們幾個住在埔里的也趕快回家探視。」只是劉宇航的平凡與瓶頸讓命運回到原點，劉衍良複製父親，強制兒子留在小鎮，導致劉宇航不僅被迫面對家族的矛盾，甚至使家族的衝突更深。

「我是後來才知道，我們結婚的錢，是我公公拿爺爺那棟房子去貸款五十萬來的。」林于如說，劉衍良的行為，加劇了他與妹妹劉怡岑間的矛盾。回頭來看，這或也間接影響日後劉怡岑在案發後對媒體的發言──在現今可見的敘事裡，「劉家」體面而敦厚，對林于如則一直抱持著容忍的態度，因而對其犯行無法原諒。然這看似一致整體的狀態，卻非林于如在劉家的真實樣貌。

「我哥哥其實也不想要這個媳婦，因為負債累累。」若瀏覽關於林于如的相關報導，常可見劉宇航小姑姑劉怡岑這樣表示，但林彤珊與林于如反駁，實際上無法接受林于如身分的，僅劉清動一人。

在林于如與劉宇航正式宴客前，劉衍良與鄭惠升曾南下拜訪林彤珊。聚餐時，林彤珊感覺劉宇航父母對林于如並無歧視心態；宴客當天，也邀請林彤珊參與，「但我跟他們說我不可能去，我跟你們可以相處，但你兒子我真的無法。他爸爸說請我放心，他們夫妻會幫我照顧我妹妹。」

林于如正式住進劉家後，劉衍良也真的兌現自己對林彤珊的承諾。「他爸爸外出時會問我有沒有要吃什麼，順便買回來，總之在生活大小事都有照顧。那些日子，我開始有一點彌補失去爸爸的缺憾。」林于如說，婚前、婚後，她對劉宇航的情感狀態有所轉變，劉宇航追求她、到正式交往時，「是年輕、愛玩，也沒有把跟他交往當成一回事，連答應跟他公證也是打發他去當兵，但我對他一直有虧欠跟愧疚。」這裡的愧疚感，來自劉宇航曾欺騙母親以用來維持二人開銷，「所以結婚後心態變成強迫自己順天意，既然已走到那種地步了，也只好做世俗覺得應該對的事，這樣的角色，扮演好各種角色。」

林于如的角色扮演，曾讓林彤珊相當不解。一如林于如在自傳裡對自我的認知，林彤珊眼中的妹妹，從小功課就很好，總拿前三名，「所以很不懂她為何會喜歡那種男人。不知道是不是她個性使然、比較好強，會一直跟我們爭論說，叫我們不要講劉宇航壞話，我覺得于如根本愛他愛到無厘頭！」

案發後，林彤珊才細細回想，「或許是因為小時候都沒人陪在于如身邊，她更渴望健全的家庭。所以等到她真的跟男朋友交往時，變成說不管多好或多壞，都願意承受一切後果，而沒有去想這個男人到底壞到什麼程度。」

林于如對愛情與家的執著，除了兒時孤單，或也牽涉成長過程中重要他人的歷程。在她自傳中，曾描述父親有過兩段婚外情，後來回歸家庭。母親在當時的三角關係裡雖有反抗，但多為忍讓。林于如後來補充，父母親相親結婚後，父親女人緣仍舊很好，因為是長子，獲奶奶縱容；母親生下大姊時曾有一度雙腳無法走路，臥病期間，父親不改風流。外公曾找父親理論，奶奶反而維護父親，說是母親抓不住男人的心，當時父親並未因為鬧得人盡皆知就收斂，甚至光明正大帶女人回家，外公得知後立下重誓，詛咒父親若是個性不改，這輩子休想出人頭地。離奇的是，後來林于如父親的確不管賺多少錢都留不住。

二女兒出生後，林于如父親才結束婚外情。結束婚外情的林于如父親對林侯月雲百依百順，林于如說自己懂事以來，父母親一起回高雄老家，母親常當著父親的面提起過往父親的風流史，父親從不反駁，也沒有因為母親在眾人面前的挖苦而改變對待母親的方式，「長大以後我才知道她們之間的感情債，我認為如果爸爸沒有經歷過那段荒唐可能就沒有以後的他。而如果不是我媽的個性那麼傳統，後來我們不會一家圓滿，人人稱羨，爸爸之後就沒有跟媽媽吵過架。」

浪子回頭的情節，是林于如對男性形象的投射；而母親「嫁雞隨雞、嫁狗隨狗」的狀態則是她對維持完整家庭的參照，加上自我心態的轉折，使她雖對劉宇航一再游手好閒的狀態不滿，卻也盡可能地去滿足劉宇航的需求。但那畢竟是一定程度的「強迫自己」，是壓抑了面對大姊婚姻狀態時的那個自我，同時，也因為這樣的壓抑，使林于如開始罹患嚴重的憂鬱。

林彤珊說，妹妹婚後因倔強而未曾找她哭訴之故，她僅輾轉聽母親提及妹妹生活過得很差，「但我不知道她過的可能是像地獄一樣的生活。」婚後的林于如像變了一個人，犯案後的言行舉止更宛若七、八歲，林彤珊甚至發現，林于如因壓力愈來愈大，對精神科的藥物產生嚴重依賴，愈吃劑量愈多，「她睡到一半會夢遊自己都不知道。」

由於林于如信用破產，借用林彤珊的戶頭，金流的往來她基本清楚。「有了媽媽的保險金後，我妹其實沒有欠誰錢了。」林侯月雲經司法確認是意外身故後，林于如獲得了五百多萬的保險金理賠，「而她做的第一件事，就是拿錢還給我。」

「我妹心裡有數，當時跟我一起住時，她跟這男人花了我很多錢，但我也沒有去算。我跟她說不用，妳先留著，因為她有家庭。我要她好好存起來、不要再給劉宇航亂花用。」後來，林于如先將積欠哥哥的債務還清，並把其他的錢存起來。「但後來這筆錢，幾乎全被劉宇航用掉。」劉宇航曾有的所作所為，讓林彤珊相信妹妹的清白，而余冠中夫妻也說，鄭惠升過世時，她們前去慰問，「林于如他老公都沒有傷心，他老公甚至催保險金催得比她還急。」

對話的喧聲

重新田野，那些散落且隱匿的他人話語，意外地支撐了林于如自傳的真實性與可信度。儘管如此，有些段落，反覆閱讀，仍有疑惑。其中一項，是我認為影響她生命最大的轉折之一：哥哥的性侵。側訪林彤珊時，她說自己從不知道哥哥曾經侵犯妹妹，「只我知道我大哥對我妹妹沒有很好、總是很跟她計較錢；但妹妹出事時，他也曾經出面替她說話。」而日後林于如殺人事件喧騰之故，林于如的大哥避世，是否曾經性侵一事，已無從求證。

整理完林于如的自傳後，曾多次針對她自傳裡提及的情節再做確認或提出疑惑。每個疑惑，林于如都有她自己的詮釋——像爺爺自殺時她年紀那麼小，如何評估自己與屍身的距離？「妳忘了嗎？我從國小就是一百、二百跳遠就是我的強項嗎？所以我會對我爺爺那時候屍體離我三十公尺並不難。而且我記得我寫給妳的自傳，是以『大約』而不是肯定的三十公尺，妳可以回去翻我自傳看看。」

又比如，當問及外界對她沉迷於賭的標籤的看法，林于如強調：「外界為何都說我欠下大量賭債，請問放這消息出去的是誰，而知道我有在玩六合彩的又是誰。我確實是自從我老公死後才簽六合彩，之前都是我老公在玩，我並沒有玩。」但這又與她自傳描述曾經因簽賭獲得彩金而能支撐自己上學一事不符，同時也與劉宇航胞妹的證詞有所落差。

類似這樣的邏輯漏洞或敘述的悖反不勝枚舉；也正是這些段落，讓我陷入困頓與糾結。很明確：她的自傳並非完全虛假，或許可以假設林彤珊與她有親屬關係而對她的證詞打折扣，但站在利益對反面的保險業務員卻沒有這樣的必要。除此之外，林于如也再度以健康為由，問能否給予經濟上的協助。

在真實與虛假的十字路口徘徊許久。想著如何辨別，才能找到確立書寫的位置。困頓某日，我訊息長年從事諮商工作的魏明毅，想知道她之前是否接觸過類似性格的個案？而明毅回覆給我的第一句話是：

「她測過智力嗎？感覺像是臨界或輕障。」

「當時司法鑑定有測，智商說是在智能邊緣。」

「那就說得通了。」

「怎麼說？」

「誇大、高模仿、虛實難辨。」

「但我請教過當時替她做精神鑑定的醫師，醫師的判斷是，如果真的智能邊緣，不可能讀到高中且成績不錯，認為當時有可能低估。但妳卻很明快地判斷林于如是智能障礙者，不知道妳的判斷基礎是什麼，又是如何理解精神科醫師的判斷呢？」

「我在外地，只能先簡單回覆。判斷點主要是：常大量編造可被一般人輕易識破的事件，當事人卻不自知；多量使用自己並不真確理解的用語、有時會有滔滔不絕的口才；自我中心；重複且偏狹的觀點；除非有極大負向感受，否則不太記仇（情緒停留時間短）；想控制他人但手法粗糙原始；情緒衝動，缺乏同理心。至於高職的優秀成績，要看班上同學的狀況對照；不過，有些因素影響，的確有可能分數會低估。」

魏明毅對輕障或臨界的了解，不僅來自諮商師的背景，還包括人類學的訓練。她的回覆，使我再度重新思索，類似智能障礙這樣的標籤或框架，之於刑罰、員警、調查書寫者、乃至於讀者的關係或意義為何——

在長達二年多的拉扯等待期，反覆對自己提問。不同於提出請求被拒絕的挫敗，與林于如的斷聯於我是種更為複雜的情緒。她最後的來信，顯然帶有嗔怨，潛藏交付的失落。儘管清楚自知，最後對她的防備並非惡意，而是追求真實的訪問本就會有攻防，但她身為陷於結構而成為受苦者的背景音依舊存在，是那使我軟弱。

軟弱源於對自我專業的質疑——凝視痛苦，希望提煉出普遍的箝制因子，當人理解他人，將會一起流淚；只是愈凝視痛苦，反愈懷疑共苦的可能。沒有誰能背負誰的人生。若此，心意的折衷算不算誠實？行為跟不上初衷是不是虛偽？有時覺得過於鑽牛角尖，但當與受訪者的關係斷裂，沒有反省，很難不自認為禿鷲或鬣狗。

「同理是一個過程——不是一種柔軟可變、讓人感覺良好的情感，也不是一般人使用這個詞時所說的那種溫暖而模糊的狀態。在這個過程中，你，身為同理者，去想像別人——那個你所同理的人——是什麼樣的人。同理永遠不可能完全精確。一個人的經驗密度超越了觀察者所能掌握的，也因此同理就好比是人生，在這過程中存在著許多的事實，每件事實都是在特定的同理者和被同理者的結合中產生。不管你的同理心是多還是少，你同理的方式、你能夠同理一個人生活中的哪些內容，以及如何同理，很大程度都與你是誰、你在那個時空下如何設想自己的任務有關。」

二〇二一年夏，左岸文化出版《兩種心靈：一個人類學家對精神醫學的觀察》，內容討論精神科醫師的不同養成過程，讀時深感其中段落與我的狀態有所呼應。聆聽本來不易，林于如一案的田野則領我更加深入探問的曲折：記者的聆聽涉及轉譯與傳播，而非僅限於精神科醫師與其患者之間，因而客觀真實成為某種書寫的阻礙——

報導中的真實必定帶有框架，大眾認知的「純然真實」在涉及人類複雜心智狀態的情況下並不存在。當這概念並不符合大眾想像，任何堆疊其上的辯護或討論其實不易展開。換句話說，要讓林于如這樣面貌複雜的加害人獲得同理，本就不易，而當她的案件某程度肩負著其他角色欲意拓闢的社會暗角，可能是比精神疾患者獲得理解更困難的事。

與草屯療養院鑑定醫師約訪時，她並不像其他精神科醫師多做考慮或推辭。「我很樂意。」她說，因律師於辯護過程中援引心理測驗結果，以此論述林于如為智能障礙者而不須判死，「加上法院未傳喚或要求書面說明，導致後來幾年只要她的報導出現，智能障礙的鑑定報告就不斷被提及，深感專業受到侮辱。」

侮辱並非周漢威的本意。在與周漢威商榷林于如說法可信度時，他也坦言：「就我自己跟林于如接觸的經驗，我也不認為她真的那麼像是智能障礙者。」但若不是，心理測驗為何有著那樣的結果？「這個落差所在，正是我們想要爭取法官理解的。」

周漢威認為，林于如案的審判程序裡，有件事並沒有獲得公平的關注：「也就是林于如的精神狀況乃至於辨識能力，是否因為她的憂鬱症，以及夫家有長期跨世代家暴的情形，導致她當時的辨識能力顯著降低，也是否因為如此，導致智能鑑定的結果只有五十七分，已與輕度智能障礙無異？」

周漢威的說法，顯然難以見容於臺灣社會，並容易被視為一種忽略、傷害被害者的辯護策略；而這牽涉目前臺灣仍存有死刑的現實，乃至身為法律工作者對死刑存廢的信仰。因對反對死刑者而言，死刑是種尋找替罪羊的概念。

替罪，同樣是個容易讓人蹙眉的形容，閃爍而不穩，似乎暗喻加害者是「無辜」的。然而替罪羊指向的是法國哲學家勒內．吉拉爾（René Girard）追溯十四世紀法國瘟疫乃至屠殺猶太人的歷史後所下的定義：一種被社會大型災難所召喚的暴力行為。

勒內．吉拉爾認為，替罪羊的運作模式會有以下範式：暴力是真實的；危機是真實的；被挑選出的犧牲品並非根據人們給予他的罪名，而是根據他們具有的受害者標記、根據所有可使人聯想到他們和危機有罪惡聯繫的標記；整體運作方向是將危機的責任推到受害者身上，通過消滅他們，或至少把他們驅逐出「受汙染」的團體以改變危機。

犯罪與瘟疫看似毫不相干，但它們的生成其實脫離不了「人所共同生活的環境」。倡議廢死者是以此象徵，死刑使人易忽略罪的發生參雜複雜的生成背景——罪的由來可能不是人的「邪惡」，而是各種制度或結構壓迫，比如貧窮，甚至是精神或生理疾病所導致。

精神疾病，常常被以「正常」、「不正常」一刀劃分。這一定程度受醫學講求實證，必須有放諸四海皆準的普同性影響。不同於內、外科等有明確生理症狀可供分類與對照，精神疾病以病人症狀，而非明確生理指標作為依據，這使得精神醫學界嘗試將病症標準化。然而，標準化的過程，不免將人的情感、反應、思考乃至行為化約至「疾病」的框架中，從而忽略不同文化下，正常與否的界線不見得相同；甚至對同一病症的成因，不同社會也會有見解的落差。

以近年屢獲社會關注的思覺失調為例，在八〇、九〇年代，因精神科醫師面對患者採取不同的治療模式，而有了面對病患與看待疾病的不同思考。一種基於生物醫學，以藥物治療為主；一種基於精神分析，以談話治療為主。後者使人們開始注意到精神疾病與「受苦」間的關聯、思覺失調症患者的妄想如何與現實的壓迫對接，進而窺見社會結構如何影響了人的犯罪，這也成為近年來許多支持廢死者用以倡議的切入點。

審判與刑罰是一組相伴的工具。刑罰包含威嚇、應報與再教育；至於審判則包含保障人權、發現真實與罰當其罪。但在多數仍存在死刑的社會中，「保障人權」的定義隱含衝突——傷害發生時，人權往往被限縮於被害者而未及加害者。這樣的倫理觀念，讓加害者應有的正當法律程序保障不足，導致早期刑事偵辦常有威嚇利誘乃至證據尋找不全的狀況，致使冤案的發生。

因此，在仍有死刑存在的社會，透過精神醫學的「鑑定」，以了解犯罪之人究竟是「邪惡」抑或「生病」便成為一道角力的關卡。《刑法》第十九條明定：若因生病（精神障礙或其他心智缺陷）導致不能辨識其行為違法或欠缺辨識能力，即不罰；若因病而導致分辨能力顯著降低，則可減刑。這樣的法律精神，是明確地將犯罪的「邪惡」與疾病的影響切分開來。

只是，精神醫學與司法審判對「精神醫學」乃至「精神耗弱」的定義並不一致。如一名思覺失調患者殺人前知道要去買刀、或犯案後懂得藏匿，往往就被社會視為「有辨識能力」，但這卻忽略了犯罪者當下行爲是否受到疾病導致的妄想所控制。換言之，犯罪者看似能執行富有邏輯的行為，實際上其邏輯的運行卻與我們存處於不同時空。

對疾病認識的不足或錯認，有時會因加害者的社經條件而能獲得理解，但有時，會因案件強度反而強化廢除死刑者與社會的對立。目前思覺失調是備受社會重視的疾病，但林于如被診斷出的智能障礙，並非刑事案件中會特別被關注的族群。遑論其所罹患的憂鬱，尚不被司法體系列為可減輕其刑的病症。

儘管如此，憂鬱仍反映著社會結構的影響與壓迫——中研院生物醫學科學研究所特聘研究員鄭泰安曾發布一項研究，發現臺灣憂鬱與焦慮症盛行率從一九九〇年的百分之十一・五提升為二〇一〇年的百分之二十三・八。根據鄭泰安研究顯示，憂鬱盛行與臺灣歷經快速經濟轉型，勞力密集產業外移導致就業市場萎縮，並因全球經濟衰退，就業市場持續低靡高度相關。顯見大環境因素會滲透至家庭，最後侵蝕個人。回顧近年重大精神障礙者殺人案件，不乏此脈絡下產生的悲劇。

人權倡議者顯然不是以純粹的熱情或鄉愿的善念作為支持廢死的礎石，背後牽涉了法哲學、對未知精神醫學領域的保守，乃至罪惡從來就是人與環境交織影響而生的現實。而若僅以死或永久的隔絕作為手段，於社會恐怕也是龐大負擔且不切實際——當犯罪是疾病所導致的，以死刑懲罰生病的人是否有意義且公平？

以二〇二〇年震驚臺灣社會的鐵路殺警案為例，這起事件的當事人鄭再中於一審時，因有明確證據證實其犯案當時，正處於思覺失調發病期，其行為受妄想控制，符合《刑法》第十九條之一而獲判無罪。但此判決因「不符合社會期待」，警方、檢方、乃至總統與行政院長不但「支持上訴」，同時還發動修法延長監護處分。

《刑法》第八十七條規定，針對因精神疾病而不罰者，若有再犯或有危害公共安全的可能，可施以監護處分，期間為五年以下。在殺警案發生後，多位立委提出修正案，提議將監護措施改為進入「司法精神醫院」，經鑑定「無再犯之虞」後，才能出院。

這樣的治理手段，引發精神醫學界的強力反彈。彰化基督教醫院精神科醫師王俸鋼認為，這是把《刑法》第十九條中不能滿足應報思想的空缺，用《刑法》八十七條的修法來滿足。就現階段精神醫療的經驗，多數個案經過半年左右的高度監控治療，精神狀況都能穩定下來，就算嚴重個案，大約也只需九個月或一年，五年的監護處分就精神科的專業來看，已經足夠；社會需要面對的核心問題是，當患者回到社區後，若面臨同樣不利的環境，卻沒有得到輔助，才可能再度出現危及自己或他人的行為。

換言之，延長監護處分的手段，是迴避了整體結構對人產生不利影響的責任，改以超出醫療性的監禁來處理犯罪，簡單來說，即是把精神病院當成監獄。此種修法邏輯，顯然是將社會的應報思想與犯罪預防，全部甩鍋到醫療。當所有問題都被簡化成精神疾病，而不解決根源性問題，延長再久也沒有幫助。

殺警案的社會反應顯示，儘管近年臺灣社會開始願意對犯罪與社會因素的複雜關係進行討論與辯證，但當殺人案件再度發生，恐懼仍如海嘯吞噬理性。這是周漢威等支持廢除死刑者試圖透過已被保障的「弱勢」基礎，去爭取社會對加害者關注的手段。

只是長年報導社會案件以來，卻也觀察到弱勢元素可能在此拉扯張力間，更被標籤或汙名化。人的處境或是選擇的脈絡，亦可能因救援策略著眼於制度可及的保障範圍而被忽略，甚至因著對立場的反對情緒而刻意漠視。

為了拿捏轉譯的界線，我與林于如間必然產生背叛：我不可能和人權團體或律師站在相同的立場，如果，我真的想讓大眾看見她以及鑄造這場悲劇的某些因子，我必須質疑、必須查證。誠實是最好的策略，就算那不見得是能夠完成訪談或寫作的最佳方法——

「那該怎樣辨識或理解她的自述呢？」我追問明毅。

「無法，難度很高，虛假摻雜，說多了，她自己也分不清。」明毅回覆：「她不是操控你，是她生存策略。我在工作上最難的也是此社群，幾乎終身不穩定。」

「她還自述被性侵，但姊姊說不知道此事。」

「無法確認，因她們很擅長模仿各類用語。」

「我看她的自傳，總覺得那似乎是監獄獄友的故事集合。」

「嗯，幾乎都是這模樣了。」

「那這樣的案例可能書寫嗎？」

「什麼都可寫。看妳想揭開的是什麼。」

她與她們

我想揭開的是什麼？破碎的鏡面，能否映照出一定程度的實相？未能肯定的混沌期，我轉身探索另一起女性殺人犯的故事——

二〇一八年十月，素來平靜的士林公教社區發生了一起謀殺。殺人者是高齡七十六歲的陳姓老婦。初時媒體報導，陳奶奶是因長年照料因病洗腎、血管鈣化的丈夫，身心俱疲近崩潰而犯下案件——

她在十月十七日持榔頭連敲丈夫頭部十三下，導致丈夫當場死亡。歷經兩年審判，士林地方法院一審宣判，陳奶奶因疲憊衝動殺人、自首，其情可憫，減刑判處有期徒刑二年八個月。當時，所有人包括律師都以為這僅是一起跟長照壓力過大有關的案件，但在我開始進行調查後發現不然：她的最大壓力源，其實是有精神疾病的長孫。

一審審判結果出爐，陳奶奶家人提起上訴，希望爭取緩刑。當時是在二審期間開始跟訪。初次見她，她坐在門外候庭，顫抖著雞爪一樣嶙峋而冰冷的指，雙眼空洞、白髮蒼蒼。陳奶奶約一百五十公分高，體重約三十八公斤。身軀枯槁乾癟，是她歷經數十年的孕育、生養、扶持、拉拔一雙兒女成人，然後孤獨而勉力地照料兩年多進出加護病房四十多次的丈夫、一精神障礙的孫子後的身體印記。

律師說，自犯案後，陳奶奶即不發一語，「她不為自己拿起榔頭殺死丈夫做任何一句辯護、不開口。」我不敢唐突，只是陪庭。幾次照面，一次庭後我決定蹲下看她。那是母親節過後幾天，問她能否擁抱？她突然點點頭。我輕輕撫觸她的背，說：「辛苦了，不是妳的錯。」不料陳奶奶突然開口，直視我，微弱卻清晰地說：「是我的錯。」

「是我的錯。」乍聽時愣住。

我反駁，不是，不是的。

她又重複：「是我的錯。」

理智明白但情感不能接受。為什麼是她的錯？為什麼越過臨界點的人需要自責？她殺了丈夫，但她同時慢性自殺中——自首後，陳奶奶被關入看守所，此後幾乎不吃不喝、喪失自理能力，原本體重五十多公斤，一路暴瘦。她以自責感，以社會框架她，實則是長期逼仄的女性標籤，凌遲自己。

而那凌遲某程度諷刺地來自另一女性的逃離。來自媳婦對精神障礙兒子的不能接受、無法自處後的殘忍轉身。這是一起帶有雙重歧視的悲劇：性別的、精神疾患的。而所有人都同情。法官在開庭時斥責陳奶奶的子女長期忽略母親擔負的責任，而檢察官並不上訴，對律師任何爭取緩刑的意見都不表反對。這一切，皆因陳奶奶有著「母親」的完美形象。因為她符合這個社會對女性的所有期待：

一個女人，不僅要溫良恭儉讓、護夫愛子，她同時必須熬過所有苦難，才能崩潰。

像陳奶奶這樣的女性範本，最終在二〇二三年二月，獲得現實法律的體諒，判決緩刑五年。然沒有人能真正解救她。她的身軀不在鐵牢，仍受監禁。陳奶奶每日晨起後就在客廳呆坐，不發一語。她以孱弱的身軀拖磨著於自責的框架，恐怕也將死在那裡。

陳奶奶的案例，使我不自覺地對照起林于如案。陳奶奶於審判歷程獲得的友善，正對反於林于如審判期間所遭遇的各種刻板偏見與歧視。廢死聯盟投入救援，有一部分即自林于如並非典型優良女性所遭遇的不公平對待。

在爭取上訴、非常上訴的過程中，律師團不斷主張，林于如最後被認定為罪無可逭的基礎，也就是她「為財連續謀殺」母親與婆婆的案件，證據上有各種瑕疵、可信度存疑。

筆錄記載，林于如坦承自己曾於婆婆點滴中注射異物，但鄭惠升死亡時，並非被註記為中毒而是心肌梗塞身亡。檢方主張，這是因為家屬對死因沒有疑義、死後並未解剖而得出的結論，為此法院另外委託法醫研究所進行鑑定，要求法醫曾柏元針對鄭惠升入院時血檢中的藥物濃度判斷是否已達至死濃度，以及林于如注射藥物是否會導致鄭惠升心肌梗塞死亡。

根據鑑定報告指出，鄭惠升一共入院二次。五月二十七日凌晨入院時的生命徵象是體溫三十六．五度、脈搏每分鐘八十五次、呼吸每分鐘十八次、血壓一百二十七／九十五毫米汞柱，葛氏昏迷指數為十五，狀態尚屬穩定，全血檢查除了血糖值偏高外，其他都屬正常範圍，下午二時出院時生命徵象與入院時並無太大差異。出院後約三小時，鄭惠升再度急診入院，體溫為三十六．二度、脈搏每分鐘七十七次、呼吸每分鐘二十次、血壓九四／七〇毫米汞柱，葛氏昏迷指數為十三，除血壓偏低、肌肉活動度略差及言語表達不清外，並沒有立即的生命危險。

住院期間，鄭惠升做了心電圖、胸腔X光攝影、腦部電腦斷層造影、血液氣體分析和生化藥物檢查，氣體分析發現呈現代謝酸中毒合併呼吸代償，生化檢查也驗出苯二氮平類藥物二十．〇，遠超過參考值的三．〇。

苯二氮平類藥物包含多種常用的短效與長效安眠藥，臨床上用於治療憂鬱、酒精戒斷及精神疾患的輔助療法。雖然林于如注射入鄭惠升點滴內的藥物即含此類藥物，礙於鄭惠升本身亦有服用此類藥物，且不同苯二氮平類藥物的中毒濃度範圍不一，曾柏元表示：「無法針對最小中毒劑量與最小致死量進行回覆。」

其中最重要的是，依照法院提供的藥物清單來看，法醫判斷依其藥物作用，「研判不至於引發心肌梗塞死亡。」法醫研究所強調，死因研判的問題，必須綜合陳屍現場的勘驗與偵查、法醫複驗解剖發現、病理觀察及毒物化學檢驗結果，「歉難僅依毒物化學結果作為研判。」

警詢過程中，林于如曾一再表示，在婆婆點滴內注射藥物是劉宇航授意，她與婆婆感情良好，沒有殺害動機；至於殺害劉宇航，是因受其家暴導致。但這說法一直不被接受，甚至被解讀為是要將主要罪責推給已無法開口替自己辯駁的死人。

為了釐清林于如是否說謊，法院後來進行測謊。測謊內容有二：死者鄭惠升於二〇〇九年五月二十七日第二次住院及死者劉宇航於二〇〇九年六月二十五日、七月十九日兩次住院，是否因被告（林于如）在死者鄭惠升及劉宇航所食用之食物內添加去水醋酸鈉所致？林于如加入鄭惠升點滴內的藥物是否是劉宇航給的？而測謊結果，林于如皆無不實反應。

測謊運用於刑案調查已歷經一百多年，過往認為，只要形式上符合測謊基本程序要件，包括：經受測人同意配合，並已告知得拒絕受測，以減輕受測者不必要之壓力、測謊員須經良好之專業訓練與相當之經驗、測謊儀器品質良好且運作正常、受測人身心及意識狀態正常、測謊環境良好，無不當之外力干擾等要件，即具備證據能力。

從實務經驗來看，接受測謊對象若說謊，不一定會產生生理、心理、情緒的緊張波動說謊反應，如果受測者主觀認知與事實不符，或「記錯了」，甚至「忘記了」，即無法藉由測謊確認受測者的陳述是否與其記憶相符。因此美國及德國司法實務均排除測謊結果的證據容許性及調查必要性，而不得作為認定犯罪事實的證據。

不過，功能性磁震造影（functional MRI）問世以後，醫學界對腦部功能與區域功能發揮的徵象越來越熟悉，功能性磁震造影在欺瞞（deception）上的運用，也開始有研究者探索。相較於原先的測謊工具，在執行測驗（task）中，再加上對於同理心等的問題、圖片，就可以區辨其有病態人格欺瞞的可能性。有些研究，甚至還可以再加上傳統測謊工具或是腦波等參數，增加準確度。

儘管如此，外界質疑執法機構可能有強制當事人測謊的疑慮，近幾年執法機關趨於保守，若當事人表示生理不適等情況，就會中止測謊；有時就算當事人極度願意配合，測試機關也不願實施測試。就在林于如犯案的二〇〇九年，司法院通過「刑事訴訟法部分條文修正草案」及「刑事訴訟法施行法第七條之十五修正草案」，明定測謊結果不得作為認定犯罪事實的證據，這使得法院最後沒有採納這份通過測謊的鑑定，仍逕自以積欠賭債為詐騙保險金連續殺人的名義，為林于如定罪。然而二〇一八年，被控於二〇〇〇年犯下殺人性侵的謝志宏，主張自己無罪，在一次大哭四十分鐘後接受測謊、沒有通過，這份測謊報告最後卻仍被當成證據使用，顯見測謊採證與否建立在有罪推定的不當基礎。

若進一步細究縱火案，凶手是否為林于如也欠缺直接證據。

根據案發第一時間筆錄，目擊證人戴春蘭原本無法清楚分辨站在「你我他晚點」外縱火者的性別與面貌。但在陳明城開始偵辦林于如連續殺人案後，戴春蘭的口供突然變得明確無比，聲稱自己看到的是一位女性並且蓄著短髮。

供詞改變，是因有明確證據供目擊證人指認嗎？事實不然。陳明城直言，這起縱火案「本來湊不起來啦。就是知道有發生這樣一件事（縱火）。是我們調查時最後有問到臭豆腐店老闆，因為他們世代都跟劉家叫豆腐，我才靈機一動想說是不是她（林于如）。」

陳明城說，縱火案剛發生時，他曾懷疑是劉宇航犯案，「因為我們猜測男生比較有縱火的膽量，所以當時（最初調查縱火案時）就叫劉宇航過來，但他走進我們分局時一邊走一邊大聲說：『如果是我就會承認』，我聽到他講這個後，就覺得不是他。」

「為什麼靠著這樣一句話就可以判斷？」

「因為如果是作案的人不會是這種調調。劉宇航說『你們一定是哪裡弄錯』，當時給我的感覺是很坦蕩蕩，所以我就覺得是我們弄錯。」

當時警方調閱監視錄影器，只見畫面中有一人穿著像科學小飛俠的雨衣，「鏡頭不是很清楚，連男女都無法分辨，我猜測是他們兩個其中一個。」

「可是劉宇航很高，兩人身高差很多，為何看不出來？」

「因為監視器離太遠，又是黑白的，穿小飛俠雨衣又看不出胖瘦。」

「那最後為什麼能判斷是林于如？」

「因為我就跟她說，妳丈夫跟婆婆都已經承認了，這個應該也是妳，妳跑不掉，她就說：對，是她做的。」

與陳明城訪談時，並不覺得他是故意誣陷。他的直覺推理不脫常理，但合乎邏輯者未必為真。戴春蘭的證詞更動亦使我想起一九五七年薛尼・盧梅（Sidney Lumet）執導的《十二怒漢》（12 Angry Men）情節——

《十二怒漢》描述一名在貧民窟長大的十八歲少年因為涉嫌殺害自己的父親而被告上法庭。庭上證人言之鑿鑿，樓下的跛腳老伯說自己「親耳聽見」少年怒喊「我要殺了你」並看到少年慌張逃出；少年住家對街的女士表示她親眼看見少年將刀刺入他的父親胸口……。

各方面證詞都對少年不利，而十二名不同職業的人組成的陪審團主審這起案件。電影場景在一間封閉的房間，儘管他聲稱自己和父親爭執後只是外出看電影，所有陪審員都認定少年有罪，唯八號陪審員堅持無罪推定。電影圍繞著八號陪審員對證據與證詞的反覆提問，進而使其他陪審員認知到自己的偏見，比如，老人聲稱聽見少年怒吼要殺了父親的當下有火車經過，實際上那震耳欲聾的噪音會掩蓋一切吶喊。

林于如的審判裡沒有八號陪審員存在的空間。而這起源於女人、賭與賭債背後的社會觀感。但賭博的並不只有林于如一人。無論林于如或是劉宇航的親妹妹劉蕙瑄，都曾於警詢表示劉宇航也涉賭甚深。只是因為他的死亡，劉宇航成為完美的受害者——

警方沒有細究賭債的來源與數字、無需釐清林于如是否遭受家暴。反正無論如何，林于如已經自白。從丈夫、婆婆到母親的死，她在最初警詢時已說是自己一手造成。這起案件當然不是冤案，自始至終，林于如沒有否認殺夫。但我總會想起初初與林于如會面時她對我的提問：

「為什麼我是驚世媳婦？」

行過

我想揭開的是什麼？一位女性死刑犯對我述說這樣一套看似半真半假的故事，又為了什麼？

倘若將敘事視為某種投射的理解與詮釋，林于如的「自傳」顯然濃縮許多臺灣女性共同的遭遇——浪漫愛的幻想、家庭重擔、反覆墮胎、家暴、婚內性侵。

夫妻。浪漫愛情之下會被認為是共同承擔奮鬥的伴侶。現實上，婚姻關係體現的是各種經濟與現實的牽連與羈絆。債務是林于如或劉宇航的，恐怕也難以一刀切分。謀殺的根源最終都關乎動機。從她自傳歸納，壓垮她的其中一根稻草，是婚內性暴力象徵的踐踏與剝削，最後我問她：

「哥哥對妳的性侵，似乎是妳悲劇之所以發生的最初與最後。那麼為什麼，妳想殺的不是哥哥？」

「的確我哥哥對我做的事影響很大。但如果一個人沒有被逼到極致，妳覺得會有人做出這樣極端的事嗎？」

「妳強調自己是一個非常渴望家庭的人，但為什麼會一直選擇墮胎，也不離開劉先生呢？妳自己覺得墮胎對妳造成哪些影響？」

「沒錯，我的確很渴望家庭，但為什麼我有了身孕又會選擇一次又一次地墮胎，因為我對我老公很失望，我一次又一次給他機會，但他跟他老爸一樣，大男人主義、又愛吃醋、占有欲又強。雖不同的是他爸喝酒瘋打的是他媽媽，但他喝酒不會打我，但他會毀了家中所有物品，如果是這樣的人妳不會猶豫要跟他一輩子嗎？所以我也很清楚他可能是有暴力傾向的人，才會有婚前契約說他如果打我我們就要離婚；那為什麼我還是沒有離開他，原因也很簡單。愧疚、虧欠。因為我很清楚，他為了跟我在一起，他跟他媽媽、爺爺、外公、舅舅、姨婆拿了多少錢。最後一個原因是害怕。他會是一個恐怖情人，如果不是他先放手，而是我說要走，雖然我可以逃離，我哥哥姊姊也可能可以不受傷害，但是我媽呢？因為他曾經威脅過我，要是妳敢離開我，就不要怪我對妳媽怎樣。」

一九九三年，鄧如雯殺夫案發生後，臺灣通過了《家庭暴力防治法》，然女性遭遇暴力一事若無明確證據，仍難被處理，遑論林于如這樣的出身與經歷。

田野過程中，無論警方或「你我他晚點」老闆皆反駁她不是柔弱女子、不可能被家暴。她因承擔家庭重擔的尖銳被詮釋為強勢，而後被合理化為殺人詐財的特質。而她與劉宇航共同沾賭，甚至殺人後持續豪賭，則是「驚世媳婦」標籤沾黏其上的理由，但若繼續追溯，會發現林于如最後的賭，仍然與「家」相繫——

當林于如完成謀殺，她撥電話給林彤珊，請姊姊北上協助處理後事。她將孩子託付給林彤珊照顧，而後開始籌備劉宇航葬禮。葬禮結束，林于如請林彤珊帶著小孩回臺南，但林彤珊覺得她的行為不對勁——林于如將兒子的戶口遷入林彤珊名下，並將一些重要文件資料收納好交給她。之後，林于如像一抹遊魂，在半夜，連內衣也不穿就跑出去在外遊蕩。林彤珊問她為何外出？她總說要去辦事情。但她什麼事也沒有辦成，只是在暗夜裡走著。走著，像尋找什麼，又或等待什麼。

林彤珊曾以為她會自殺。愛到瘋了是她唯一能解釋妹妹嫁給劉宇航的理由。但她希望妹妹不會做傻事。林彤珊幾乎寸步不離看著林于如，求神、拜佛，希望妹妹清醒。有一天，林于如說要去找劉宇航的爺爺，她想改造這處她與劉宇航曾共同擁有的空間，她想將豆腐製作的一切設備都移交給劉宇航的姑姑，重新裝潢一個家。她想像一個家應該有的格局。但她沒有足夠的錢，她又重新下注六合彩。

初始，順風順水，林于如曾經單期贏了兩百多萬，這些錢大部分都用以整頓房子。只是房子整頓好了，她沒有停手。賭贏有時，輸錢有時，林于如後來手邊只剩下大約三十萬的現金。

「我妹有天叫我開特約帳戶，我問她要做什麼？是要用來簽什麼？她說她要學劉宇航包牌。」林彤珊說，包牌即是所有號碼全包，透過這種方式降低押錯的機率，「但如果不中，要還的金額也很大。我問她如果這次全包要還多少錢？她說要還二、三百萬。我真的嚇到跌坐在椅子上。但她說她沒辦法，她要給小孩留本，因為我媽的保險金已經被她老公幾乎用完了。」

林于如遭逮捕那天，林彤珊並未在埔里。警察收網後，致電給林彤珊，告知她妹妹殺人放火，要她到臺中刑事局一趟。一夜之間，風雲變色，林彤珊頓失頭緒。去到警察局後，林彤珊被告知自己也列為疑犯，甚至是主謀，「警察說我指使妹妹殺人放火，因為當時妹妹拿到我媽媽的保險金，有三百萬都轉入我戶頭。但那是因為我妹信用破產，才借我戶頭使用。」

當時她不解警方為何這樣指控，「後來想，是因為我媽那筆保險金已經被用掉了，警察可能是想要我吐出那筆錢去還保險公司。」林彤珊說。

沒有證據，林彤珊不從。她更質疑警方對於負債金流掌握不明確。

「警方說我妹負債累累，根本就沒有這件事。」林彤珊說，劉宇航後來用了林侯月雲剩餘的保險金做了各種投資，包括葬儀社以及地下放款，「劉宇航在外讓別人簽的本票，加一加可能有超過一百萬。」林彤珊當天之所以不在埔里，正是去替林于如要回一筆八十萬的款項。「另外葬儀社那個投資大概有五十萬，其他還有一些零碎的三萬、五萬。社會輿論說她欠了一千二百多萬，那是沒有的事。」

林于如宣稱自己是因承受不了各種婚姻壓力而殺死劉宇航，也未被採信。

林彤珊協助林于如處理葬禮事宜期間，劉宇航的兩個姑姑三天兩頭就到林于如住處索討房產與臭豆腐祕方。「我妹那時候還有問劉宇航阿公可不可以給？他說不行，祕方就是劉家三代單傳，可劉宇航的姑姑依舊一直來找麻煩。」最後，林于如簽署放棄繼承。但當她希望未成年的劉蕙瑄出庭作證她確實遭遇家暴，「擁有她監護權的劉宇航姑姑卻要我拿出五百萬才肯讓她出庭。」

林于如沒有這樣多的錢。她在偵辦過程中坦承自己對劉宇航做的一切，「然後檢察官說，我既然都已經認了我老公那一條，如果也認了婆婆跟媽媽這兩件案子，就可以幫我減刑。」林于如說，當時檢方與她認罪協商的條件是，殺害尊親屬以無期徒刑起訴、殺害婆婆起訴十一年半、殺害劉宇航起訴八年半；但若她不肯認，就要將她塑造成預謀殺人、冷血無情、想盜領保險金的形象，訴諸輿論公審。

林于如想及兒子。她認了一切。但最後，她被判了三個死刑。她開始在監獄裡嘗試自殺，一次，又一次。在她寫給廢死聯盟的書件裡，她詳細記錄了自己與檢方交手的過程。她說自己至死也不會原諒與她協商的檢察官；即便後來她推翻自己的自白，她依舊是驚世媳婦；依舊是個背負三條人命的死刑犯。當訪問警方這段偵辦過程，他們矢口否認曾有過任何條件交換。至於檢察官則沒有回應。是再無法查證的空缺。司法無法度量人心，無論犯罪那一方，或是正義那一方。

我問林彤珊，這麼多年、這麼多說法，為何還是選擇相信妹妹？

「因為當初我哥如果不要跟她計較錢，我妹可以保送學校。但我哥就是不要，我跟我妹說妳去讀，我賺錢給妳，但她覺得我賺錢很辛苦，所以她才去上班。當初她在詐騙集團我一直叫她離開，怕她物以類聚、甚至連我都詐。後來她才去酒店上班。

「也因為我跟劉宇航一起生活過，我妹曾經為了保護她先生，保護到很多事情不敢跟我說。當時劉宇航欠了一堆錢，我妹大肚子還去幫他到地下錢莊借錢。這讓我覺得他先生是真的可以為了錢、親人都可以下得了手的性格。

「我也親眼看過妹妹跟婆婆的互動。公婆對她算是不錯，當別人對你好，正常人會下得了手嗎？劉宇航死後，他姑姑三天兩頭侵門踏戶來找我妹妹要祕方。我妹有去跟劉宇航他阿公說，但他阿公說不要，那是劉家三代單傳事業。我氣到罵劉宇航的大姑姑跟小姑姑說：『妳們是看人家今天沒有公婆，也當我死掉，來欺負人家母子嗎？再繼續這樣我要報警處理。』而他先生的大姑姑還曾經對我說，如果妹妹願意跟他們劉家下跪道歉，他們願意求情。我把原話帶給我妹，她說，自己寧願死也不跟他們劉家下跪道歉。我看過她愛劉宇航的樣子。沒有被逼到極致，不會殺了自己曾經那麼愛的人，都不後悔。」

林彤珊希望妹妹終有被釋放的一天嗎？

「我不會這樣說。因為她還是殺人。如果國家要她的命，那是她的命。而且她曾經說，如果她出來後，要找劉家人報復。我告訴妹妹，如果這樣，妳還是繼續關在裡面吧。」

林于如對劉家有著難以消解的怨氣。當時，她將兒子託付給林彤珊照顧，但劉宇航的姑姑們懇求她，希望林于如為劉家保留唯一的香火。「可是她們想要監護權，又說真的養不起我的小孩，看我能不能拿出一點錢給她們，沒有五百萬，三百萬也可以。無論如何，需要錢讓她們替我把小孩養大成人。」她不理解自己與兒子之於劉家是否有任何意義，「到底把我兒子當成什麼？我兒子竟淪落到讓你們喊價。劉宇航的大姑姑甚至威脅我說如果我拿不出錢的話，她們只好把我兒子出養掉。」

這或許是林于如一生中，唯一一次拒絕的博弈。她不要兒子成為籌碼。她請林彤珊代為爭取監護權，但法律上，林彤珊站不住腳。半年後，林于如兒子的監護權判給了劉家，他們將房子賣掉、將林于如的孩子出養至美國。除非她的孩子願意，否則林于如不能與他聯繫。

「妹妹就在監獄裡面自殺很多次。把自己撞得頭破血流、吞電池，她說就算自己死了，鬼魂也要去找劉家人算帳。」

我要揭開的是什麼？如今這依舊是個困難的問題。與林于如拉鋸將近一千個日子裡所獲得的其中一個啟示，是或許，這並非純然信與不信的問題。信關乎的是刑罰與審判，但故事承載的是人心的倒影。湖中的鏡像若有投石，會有漣漪、影像扭曲，但湖水終會平靜，人的面孔將會浮現。

林于如自傳的最後她寫了這樣一段：

我為了他，為了他們劉家，全心付出，最後卻是這樣子的結局。我之所以到現在才願意把我整個人生過程說出來，有一半是因為我到現在都背負這些記憶背負得很累；另外一半是因為我大姊這十幾年來對我的付出，我看了很心痛，也很自責。因為她為我付出的已經超過一個姊姊可以做的，至今她的生活很不好，依然對我不離不棄，只有她從頭到尾不相信我跟外界報導所寫的一樣：我是為了錢才殺死我媽媽。

我現在願意寫出來有另外一個原因，是因為我曾經答應過一個人，要跟她說我為什麼會犯下這些案子。但後來卻讓她以為我只是為了利益金錢在吊她胃口。我想要告訴她的是，有時候人不一定要有利益金錢，而是有時候真的會遇到一些困頓跟難關。

我也想讓所有人知道。有些新聞報導未必是你們看到的那樣，因為媒體記者為了要頭條要獨家新聞就會走後門，只聽警察講。你們的言論往往害死了一個人。大家可以想看看我的案子有多少版本，但到底哪一個才是真實跟正確的？這些報導會決定一個人的命運。

我決定說出來，是因為想要對自己的人生重新審視一遍。我在自己過往的人生裡面到底犯了多少錯、到底錯過多少原本可以不用錯過的幸福、到底失去多少原本不應該失去的。我在監獄的十多年來，我想到自己荒唐過、憤怒過、不平過、不甘心過，可是我也曾經幸福過。想通一件事情的時候心中就平靜下來了。在這個四面高牆的鐵窗中，孤單寂寞是家常便飯，也常常在一些節日時想念我的親人，那種心中的苦痛跟辛酸是沒有人可以代替你體會的。

每個人個性不一樣、思想也不一樣、觀點也不一樣、體認的也不一樣，我的人生原本是要在順利的時候，卻因為我的個性、脾氣、固執、好強、好勝，所以種下了悲劇，每一個人的人生都不同，際遇也不同，但是同樣的是，每一個人都有自己的一顆心，這顆心要怎麼樣利用它，才是一個人的完全人生、幸福人生，才會畫下一個美麗美好、幸福快樂開心的人生，是我現在想的事。我現在唯一牽掛的就是我大姊，這世界上人的一生，唯一值得珍惜，也是最重要的莫過於親情。這不是任何金錢利益可以代替的。

於是我替她尋找孩子。只是當時協助出養的社工給了封閉的回應。循線找到一組電話號碼與地址，照片上是有綠草如茵庭院的房屋，但房屋出售中。

那樣的空缺或許對應著林于如在謀殺劉宇航後做的一件事——

劉衍良生前曾有的願望，是希望自己不要葬在劉家的公墓，但未落實。於是林于如去找劉清勳，告知劉清勳她想買塔位，預計將劉衍良、鄭惠升與劉宇航葬在埔里公墓慈惠堂。幾經討論，劉清勳應允了，林于如找了風水師，去了埔里鎮公所，一共買了包含自己的四個塔位。

林于如請禮儀社老闆替她將照片、名字、生日都刻上骨灰罈。當時，禮儀社老闆罵她發神經。「表面上，我在籌辦劉宇航的葬禮，實際上，我也是在籌備自己的。」但十多年過去了，林于如還沒有死成。那曾引發我追溯社會案件的少年鄭捷於定讞後的短短十九天內槍決，但她仍在牢裡，沒有死成。

離開埔里田野那日，我搭上計程車，前往埔里慈惠堂。是稍嫌偏遠的公墓，塔位老舊，看守人百無聊賴地坐在未開燈的桌前。他問我來意，要去探誰？我說了劉宇航的名字。上二樓，骨灰罈列陣排好，劉宇航與他父母的塔位在一無光照耀的低處。鄭惠升的名字隨側在劉衍良旁，而劉宇航旁的塔位空白。

空白有那麼多隱喻。是尚未、是不及、是不允許、是不願意，或不可能。

賭局沒有記憶，但人有。或許這樣，所以往往全盤皆輸。

計程車載我離開。駕駛大姊得知我在採訪驚世媳婦案，滔滔不絕地說起了她聽見的事：一個羽球國手愛上酒家女，花大錢替她贖身，卻因為她愛賭六合彩負債累累，全家被她謀殺詐保。

我張著耳朵，思緒飄離，想起離開慈惠堂時，看守人問我：「是朋友嗎？」我支吾答是。他說很少人來探呢。我微微點頭。幸好來過。

後記

對非虛構文類的作家來說，最大的恐懼可能是害怕自己無法完成他們的任務。寫小說是另外一回事，因為小說家可以創造一個他們自己發明的世界，通常都充滿了也是他們自己發明的隱喻（像是湯瑪斯·品瓊〔Thomas Pynchon〕、唐·德里羅〔Don DeLillo〕），我們無權去跟他們說：「你錯了。」我們最多只能說：「我覺得不是這樣。」非虛構作家就沒有這種喘息的機會，他們必須負完全責任：對事實負責、對他們的採訪對象負責、對作品中所寫的地方負責、對在那裡發生的事情負責，還必須對他們的技藝負責，並且承受因過度誇大或雜亂失序所帶來的風險：失去讀者、讓讀者困惑混淆、讓讀者感到無聊或是無法讓讀者從頭看到尾。報導中若有任何不精確或是失手之處，我們都會說：「你錯了。」——《非虛構寫作指南》

二〇一四年底北捷隨機殺人事件發生後，開始轉向爬梳社會案件，「為什麼寫」、「可不可以寫」、「如何寫」、「寫了會有什麼效應」，種種自問，如影隨形；問題的答案，隨著不同案件變化，而當意識此類書寫開始成為其他創作者可能參考的文本，乃至由一個獨立調查書寫者，進入機構專心深研此類書寫路線，如何回應上述問題，益發複雜且困難。

獨力調查鄭捷案數年後，於二〇一八年重回前份職場公共電視，主要原因是存款再無法支撐受訪者尚且未能回應的漫長等待。受性格、能力乃至探索新領域等限制之故，一直無法像許多自由寫作者一樣多方接案以支撐生活，因而前一本書的出版，基本是仰賴國藝會的書寫補助與存款而來。不同於前一本出版《黏土：灣寶，一段人與土地的簡史》已有長達十年從事環境運動報導的累積基礎，甚至參與書寫個案漫長抗爭的完整田野，社會案件，尤其關於加害者的動機爬梳，在臺灣仍屬蠻荒領域，這也使得社會案件的寫作，不適用於現行臺灣任何書寫補助的型態。

決定返回職場前，銀行戶頭一度僅剩一千多元存款，而我有一病痛的老貓以及三位年邁且健康不良的長輩需要照養。當時，春山出版社總編莊瑞琳為支撐這個寫作計畫曾陸續預支我十萬元，因面向公共的本土非虛構寫作是她想像必須存在的出版，而這的確非作者獨力一人能做到。從不借貸的我，決定接受莊瑞琳的支援，因感受到這領域書寫的社會需求——

小燈泡案發生後，時任端傳媒臺灣總編的李志德得知我在調查鄭捷案，與我約稿，討論與評估過後，決定報導發生於多年前的「湯姆熊隨機殺人案」。這篇報導並不直接面向廢除死刑與否的爭議，而是企圖將輿論眼光視為「惡魔」者還原成人，因我想像在此基礎下，才能討論罪罰，乃至社會真正的恐懼。

報導刊出，迴響出乎預料。原設想會有各種撻伐與聲討，實際卻是理解意願多於咒罵。這讓我看見臺灣社會某種堅韌而溫柔的底蘊。然這獨力寫作計畫最終仍喊停。主要原因，是經濟壓力以及對書寫產出的過於渴求，使我打壞了與受訪者的安全距離。受訪者說：「我知道妳不是那樣的記者，但我現在無法。」之後澈底地封鎖我，並對我說抱歉。那讓我意識：我所以為的「好的」公共書寫，竟然也會鑄成傷害。

於是回到職場，將十萬元還給莊瑞琳，繼續原先熟悉的環境報導，可是內心躁動——對社會案件的未知仍想發問與探索，同時也因為，媒體與傳播環境的變化已需要面對大幅改革。傳播學者麥克魯漢（Herbert Marshall McLuhan）的「媒介即訊息」（The Medium is the message）讓新聞產製與理解產生巨大的斷裂，而過多資訊讓閱聽眾難以消化與吸收，選擇性聆聽成為常態。

截稿時，YouTuber 錫蘭「臺灣媒體的下限能有多低？」影片在短短一大內點閱超過一百三十萬，即反映了上述所談；曾任新聞獎評審的鄭國威坦言：「即使是如我這樣積極的閱聽人，若不是擔任評審，絕大多數這些入圍或得獎的新聞我都不會看到。」傳媒如何存活是上世紀以來傳播者即苦思的問題，報導無庸置疑必須公共，但閱聽市場的窄縮亦是現實，而偏聽的閱聽現象一定程度造成邏輯的毀敗。

重要的是，傳播迅速使太陽底下再無新鮮事，傳播者如何重新思考敘事的多元與可能，將決定溝通是否有效。與此同時，臺灣社會陸續出現與社會案件相關的戲劇、電影乃至舞臺劇，且多夾帶對議題討論的企圖，這些作品，引發輿論反思或關注，同時也讓傳媒如何存活有了可能。在鏡文學總經理董成瑜邀請下，在體制內繼續探討，轉眼四年，她與社長裴偉給予極為寬厚的信任與包容。

體制稍緩了我的經濟壓力，身分轉換卻迫使我更需要思考倫理的界線，同時得面對更為尖銳的寫作形式探索與讀者考驗。

考驗在某些案件上並不困難，但愈發深入犯罪探討的領域，就愈難以採取單一的立場書寫。而專題報導與專書的產出形式亦有差異，必須更小心翼翼在議題探討、閱讀張力、事實呈現上維持平衡。

書寫這端所須付出的努力並不亞於田野本身，而驚世媳婦案的田野，某程度是過去幾年於社會案件調查時遭遇的困難總和。不同於過往書寫社會案件基本隱身在後，這次「調查者」的敘事聲音特別彰顯。這樣的選擇，一是基於主要受訪者被囚禁而難以正常交流；其次是林于如是否智能邊緣一事已無法確認。

疾病是標籤與框架，有時這會引發偏見，有時卻是理解不可或缺的基礎。無法篤定，讓我難以用全知的角度敘事、觀點浮動。如何看見隱匿在陰影裡的事物？「一切」的界線又是什麼？當敘事不一定成為故事，而故事有時不是真實。每日都問自己困難的問題。反覆斟酌，最後決定讓我的猶疑成為主旋律。

坦承猶豫，一方面能呈現寫作此類議題的艱難；二方面是各種猶豫或許是我們面對社會案件所應具備的素質。探索是因為想接近未知，那麼企圖以某種特定的敘事結構或元素說明犯罪則將本末倒置。在書寫過程中逐漸明白，未知其實創造了觀看距離，保留理解的可能——

多年前時報出版犯下一九九七年發生於日本神戶的酒鬼薔薇聖斗事件少年A自傳《絕歌》，這本書引發兩極討論。時間會推翻或刷新人對自己的認知，因而我不認為二十三歲的少年A對十四歲自己的詮釋虛假；只是，殺人犯的自白勢必獵奇，那會引來各種角度的觀看，因此全盤曝光加害者的論述將無可避免導致巨大的對立與傷害。

「目的不在找出真理，而是去追問，那暫時識見的全貌，能否至少回答三個問題：眼前正在發生什麼、如何發生，以及，人能如何回應。」這是書中提及的諮商師魏明毅日前出版《受苦的倒影》中其中一段，讀時感覺呼應與安慰。因為這本書的寫作架構，一定程度摸索著傷害的邊緣構築，去聆聽、發問以及提問。

為了避免傷害，我並不將林于如的自傳作為詮釋的基礎，但同時，也必須讓她被掩蔽的聲音（無論客觀的真實與否）與過去十數年輿論印象對話。經多次改版，最後在自傳的處理上，參考了法國社會學者米歇爾・傅柯（Michel Foucault）在《我，里維耶，殺害了我的母親、妹妹和弟弟》（*Moi, Pierre Rivière, ayant égorgé ma mère, ma sœur et mon frère...*）一書中的做法：

「回憶錄具有一種原初的素樸性，他的回憶錄就是一部最自然的人類學民俗誌。」因此，「對於里維耶的這些話語，我們決定不做闡釋，不對其進行任何精神病學或精神分析的評論。首先是因為我們將它設定為座標系的原點，以便我們測量其他話語之間的距離，評估在這些話語中所建立的各種關係。」

將自傳設定為原點，並不等同以傳主的眼光為準則，而是將其視為探問的起點。不過，儘管不做闡釋或評論，林于如提供的自傳內容過於蕪雜，於閱讀會失去節奏，因此必須編輯。編輯時，必須考量事件與她生命抉擇的關聯、保留哪些有意義的細節以呈現脈絡，甚至她的語氣及思考節奏。這項工作極其不易，但希望透過類似編年體的順序重新分類，能與審判、媒體報導甚至是我的田野觀察相互串接，盡可能呈現「它們既不是一部作品，也不是一個文本，而是一場古怪的角力，一種對抗，一種權力關係，一場關於話語的戰爭，以及一場通過話語的戰爭。」

過去幾年，對傳播的可能愈感消極，語言的作用似乎僅剩自我捍衛，因而失去拓展世界邊界的作用。彼時總想，或許人與人之間有朝一日再不需要思考距離的問題。我們將是自己的矛盾。但這次在編輯林于如自傳時，突然重新認知並肯認語言的意義。那是巴赫汀（Mikhail Bakhtin）所強調的複聲，「講話者的主要功能就是揭示不同的意識型態立場或價值觀。每一個說話人都代表了某一意識型態。」而作者的任務，就是再現社會中相互交流的多種聲音，且從中自我批判。

「每本書和每位作家一樣，有一段艱難的、躲不掉的過程。你必須下定決心將這個失誤留在書裡，使它成為真誠的、不撒謊的書。」每當無法書寫，我會重新閱讀莒哈絲（Marguerite Duras）。我不可能完成無瑕的寫作，不僅因為時間，也因為這是非虛構世界的本質。儘管挫敗，嚴重懼怕，依然書寫。因為——

「寫作。
我不能。
誰也不能。
應該承認：我們不能。
但我們還是寫。
我們身上負載的是未知，寫作就是觸知。」

謝辭

林于如案最終能完成書寫，首要感謝的是臺灣廢除死刑推動聯盟。若非廢死聯盟長期地探視林于如並為其奔走，以我的身分與角色，在現行臺灣看守所的文化下，我與林于如將沒有任何談話的可能。儘管這宗案件是廢死聯盟核心關注案件之一，但廢死聯盟從未干涉我的寫作。謝謝欣怡的信任、慈偉在各方面的協助，以及志工方小姐的陪伴探視。

感謝法律扶助基金會執行長周漢威律師針對案情與審判的可疑處做詳實的說明，並且經過當事人同意後提供卷宗讓我得以進行田野。謝謝負責此案的精神鑑定醫師二話不說接受我對精神鑑定的再探問。嘉南療養院成癮暨司法精神科主治醫師李俊宏，在我開始研究這案件時，針對賭博成癮的部分，提供了許多背景知識與臺灣社會現象，這些資訊亦成為本書意欲與社會對話的軸線之一。

長年研究民間信仰與角頭黑道的鍾秀雋帶我走入艋舺角頭，土豆哥與大盛哥的經驗填補了我對另一世界的空白。錢建榮法官提供了連身條款的法律見解、陳欽賢法官的閱讀回饋讓我修正了專業用詞的誤植，我的女性主義啟蒙者、世新大學英語暨傳播應用學系副教授黃裕惠協助潤飾詩引的翻譯，濃縮了全書意象。臺中女監匿名的監所管理員王欣對受刑人心理狀態變化的觀察，讓我對林于如的側寫更顯立體。至於匿名的保險員余冠中與妻子的訪談蔚為關鍵，他們提供了有別於一般輿論在殺人動機一事上的描述。訪談結束時，余的妻子說：「其實我本來沒有要跟著來，但是我很怕這傢伙亂說話。當我看到妳跟他說記者為了追求真實要查證的時候我跟他說，『這根本就像是詐騙集團說我不騙人一樣。』但是跟妳訪談完以後我覺得我可以相信妳。」希望我的書寫，沒有辜負她的評價。而林于如與其大姊林彤珊的交付，亦讓我感激。

田野遲遲難以開展之時，攝影師好友世澤、於農村運動結識的之涵，分別替我聯繫上曾採訪過林于如的范綱武與許惠雯，雖綱武謙遜表示無法提供太多資訊，實際上任何一點記憶都是極重要的素材，遑論綱武甚至充當司機，載我於埔里奔走。而惠雯在地深厚的人脈，讓我在重新訪談警方的時候毫無阻礙，期間甚至往來替我多方聯繫可能的受訪者，若沒有惠雯，這本書的書寫亦難以完成。心理師湘鈞在多起案件都扮演著諮商角色的支撐，除了時時警惕我誤陷疾病標籤，亦協助我與林于如書信往來時的界線劃分。

長達二年餘的調查，心思與情緒多有起伏。在對事實猶疑搖擺時，謝謝前主管志德、同事兼好友苡榕總在第一時間協助討論與辨別；已離職的編輯毓瑜在組織壓力與作者的自我間，扮演了重要橋梁；東華大學華文系的凱西老師與時光二手書店店長小美，常在蝙蝠時區陪我梳理書寫的疑惑與糾結，因為她們二位，我得以跌撞歷經貓的離開、以及「我再不能寫」的自我質疑黑洞。導演樓一安、達寬、語桐、彥齊、木材、臥斧等友人常被我逼迫閱讀粗糙的書稿版本，既抱歉，又感謝。而莊瑞琳在最後修改版本給予的意見，則讓本書定錨。

這本書的書寫與大疫重疊，既是社會性的，亦是書寫者我的內裡。謝謝好友斐悅、靜娟、宓思、祖濬、家穎、翰林、申翰、瑋傑、璽尹、慈妤、明毅、詹順貴律師、子涛、靜梅、燕如、怡如與立平溫柔的撐持；而俞歡成為我的潛伴，在海裡，重新練習如何呼吸、如如不動；越如和群甯則與我一起攀上岩壁，使我知道如何面對高聳與看似難以抵達的終點——

必須照顧身體，熟知身體的界線，才能起步與協調。面對岩壁，常常想及確保者的負擔。初次於龍洞攀爬二十一米長的「Around the corner」時吊掛半空，一直跟替我確保的教練阿璠說抱歉。但他在下方回喊：「為什麼說對不起？妳慢慢想，我 Take 住妳，隨時 Take。」Take。甚至花了一點力氣幫推。最後在那樣的情境下完攀。

站在岩壁上發現上攀後與在下方想像的不同。當張開四肢，不知道篤定的手腳點位於何方、岩盔因為頭圍太小不斷飛離，那瞬間意識，一切皆涉及規劃、經驗、膽量與支撐想像的校正空間。完成一件事必須具備這些元素，而這些元素都無法脫離時間與信任。那是成瑜與社長裴偉所給予的。

一位女性殺人犯的素描：她如何謀弒母親、婆婆與丈夫

MO 030

作　　者：胡慕情
自傳提供：林于如
責任編輯：王君宇
責任企劃：藍偉貞
整合行銷：何文君
校　　對：李玉霜

執行總編輯：張惠菁
副總編輯：陳信宏
總 編 輯：董成瑜
發 行 人：裴偉

裝幀設計：王金喵
封面插畫：鍾以涵
內頁排版：宸遠彩藝

出　　版：鏡文學股份有限公司
114066 臺北市內湖區堤頂大道一段 365 號 7 樓
電　　話：02-6633-3500
傳　　真：02-6633-3544
讀者服務信箱：MF.Publication@mirrorfiction.com

總 經 銷：大和書報圖書股份有限公司
248020 新北市新莊區五工五路 2 號
電　　話：02-8990-2588
傳　　真：02-2299-7900

印　　刷：漾格科技股份有限公司
出版日期：2024 年 4 月初版四刷
I S B N：978-626-7229-99-6
定　　價：390 元

國家圖書館出版品預行編目 (CIP) 資料

一位女性殺人犯的素描：她如何謀弒母親、婆婆與丈夫 / 胡慕情作 . -- 初版 . -- 臺北市：鏡文學股份有限公司 , 2024.01
264 面 ; 21X14.8 公分 . -- (MO ; 30)
ISBN 978-626-7229-99-6(平裝)
1.CST: 林于如 2.CST: 傳記 3.CST: 殺人罪 4.CST: 刑事案件
585.8　　113000082